Doris Watzinger

In Bewegung sein

Die Atemtypen und ihr Bewegungsverhalten

Bibliografische Information der Deutschen Nationalbibliothek:
Die Deutsche Nationalbibliothek verzeichnet diese Publikation in der Deutschen Nationalbibliografie; detaillierte bibliografische Daten sind im Internet über http://dnb.dnb.de abrufbar.

Herstellung und Verlag: BoD – Books on Demand, Norderstedt

ISBN: 978-3-7519-8274-0

Im Atemholen sind zweierlei Gnaden:

Die Luft einziehen, sich ihrer entladen;

jenes bedrängt, dieses erfrischt.

So wunderbar ist das Leben gemischt.

Du danke Gott, wenn er dich presst,

und dank ihm, wenn er dich wieder entlässt.

Johann Wolfgang v. Goethe

Inhalt

Einleitung

25 Jahre hatte ich als Physiotherapeutin gearbeitet, als ich vor circa 10 Jahren im ersten Kurs der Ausbildung zur Terlusollogie® (Atemtypenlehre) saß. Und ich muss zugeben, dass ich sehr, sehr skeptisch war. Oft dachte ich: „Das hast Du in der Physiotherapieausbildung ganz anders gelernt." „Als gute Physiotherapeutin dürfte ich mir das noch nicht mal anhören, geschweige denn machen." Aber mein Körper fand es ausgesprochen gut. Es fühlte sich einfach gut und stimmig an. Und so bin ich drangeblieben, trotz oder auch wegen meiner Zweifel. Mittlerweile bin ich so überzeugt von der Atemtypenlehre, dass sie die Basis meiner Arbeit geworden ist.

Die Atemtypenlehre ist keine neue Bewegungsart, sondern sie kann als Grundlage für alle Bewegungsarten genutzt werden. Sie unterscheidet Lunare (Einatmer) und Solare (Ausatmer). Es gibt Bewegungsarten, die per se mehr einem der beiden Atemtypen entsprechen. Unter Berücksichtigung der Aspekte der Atemtypenlehre kann der andere Atemtyp sie aber so für sich adaptieren, dass es auch für ihn gut ist. Wenn ein Atemtyp eine für ihn eigentlich typwidrige Methode nicht für seinen Atemtyp adaptiert, kann er sie natürlich auch ausüben. Aber auf Dauer ist das für ihn nur unter großem Energieaufwand möglich. Wenn er über Jahre gegen seinen Typ arbeitet, kommt irgendwann die Rechnung. Nämlich dann, wenn der Körper nicht mehr mitmacht und körperliche Probleme auftreten. Das Wissen um die beiden Atemtypen kann dem Einzelnen helfen, in seine Kraft und Energie zu kommen. Dann kann er Yoga, Qi Gong, Rückengymnastik, Krafttraining, Spinning oder anderes, das für ihn typwidrig angeleitet wird, in seinem Atemtyp machen und es wird ihm gut tun. Die beiden

Atemtypen machen also dieselbe Sport- oder Bewegungsart auf ganz unterschiedliche, auf ihre typeigene Art.

Wenn ich im Folgenden von *dem Ausatmer (Solaren)* und *dem Einatmer (Lunaren)* spreche, dann meine ich immer den gesunden Menschen! Erich Wilk, der Begründer der Atemtypenlehre, hat die beiden *gesunden* Atemtypen mit all ihren Merkmalen sehr gut und detailliert beschrieben. Es gibt einige Bücher (z.b. von Dr. Charlotte Hagena und Christian Hagena) über die beiden Atemtypen, in denen man die Merkmale nachlesen kann. In einigen findet man auch die terlusollogischen Übungen. Sie sind für die Menschen, die bisher typwidrig gelebt haben und dadurch vielleicht schon Beschwerden haben. Es wird empfohlen, diese Übungen täglich zu machen. Sie sind sehr wirkungsvoll und sollten nur unter Anleitung eines Terlusollogen® gelernt werden. Deshalb werde ich in diesem Buch nicht auf sie eingehen. Durch das tägliche Üben wird über den Körper im Gehirn der eigene Atemtyp gebahnt und gestärkt. Ziel ist es, dass man in seinen Atemtyp kommt und *automatisch* im Alltag und in der Freizeit seinen Atemtyp lebt und sich typgerecht bewegt und hält – ohne darüber nachdenken zu müssen. Mein Körper setzt sich von alleine typgerecht an den Schreibtisch, mein Körper geht typgerecht, mein Körper steht typgerecht ...

Auf dem Weg zu diesem Automatismus lohnt es sich, sich *bewusst* zu werden: Wie sitze ich am Computer? Wie bewege ich mich im Alltag und in der Freizeit? Auch ein *bewusstes* Verändern einer Haltung oder Bewegung wird im Gehirn gebahnt und hinterlässt seine Spuren!

Jeder Mensch hätte doch gern, dass sein Körper das macht, was er will, dass er einfach funktioniert und er sich nicht um ihn zu kümmern braucht. Bei den Gesunden ist das auch der Fall, aber wenn man Probleme mit dem Körper hat und er nicht so funktioniert, wie man es gern hätte, muss man auf die Suche gehen und sich erst einmal bewusst werden, wie man seinen Körper benutzt. Um dann verändern zu können, was nötig ist – mit dem Ziel: Egal was ich gerade mache – ob ich Geige spiele, am Computer sitze, spazieren gehe, koche, Sport mache ..., ob ich sitze, stehe oder laufe – ich brauche mich nicht um meinen Körper zu kümmern, weil die Muskelketten so aktiv sind, wie es meinem Typ entspricht und es ihn dadurch typgerecht atmet und ich mich ganz auf das konzentrieren kann, was ich gerade tue.

In diesem Buch wird es darum gehen, Ihre Aufmerksamkeit und Ihr Bewusstsein für Ihren Körper zu schulen.

Deshalb meine Bitte an Sie: Glauben Sie mir nichts – beobachten Sie, probieren Sie aus und machen Sie selbst die Erfahrung, wie es ist. Aber auch: Wenn Skepsis, Widerstände und Zweifel aufkommen, überprüfen Sie das Gelernte. Wir können viel *lernen* und uns verschiedene Körpertechniken aneignen. Das muss aber nicht heißen, dass es uns - sprich unserer Natur, unserem Atemtyp entspricht. Und dann kostet es Energie und auf Dauer leidet die Gesundheit.

Wenn ein Patient mit Beschwerden in einem bestimmten Körperbereich oder Gelenk in meine Praxis kommt, ist es meistens so, dass die Muskelkette seines Atemtyps in diesem Bereich unterbrochen ist. Dann helfen die oben genannten terlusollogischen Übungen. Aber manchmal reicht es auch, sich dieses Bereichs *bewusst* zu werden und zu erkennen, wie in diesem Körperbereich die Muskeln und Gelenke typgerecht bewegt werden können.

Ich werde also das gesunde Bewegungsverhalten der beiden Atemtypen beschreiben, damit Sie wissen, wo die Reise hingehen soll. Und auch Tipps geben, wie sie dorthin finden.

Es würde mich natürlich freuen, wenn auch Sportlehrer, Trainer und Therapeuten sich angesprochen fühlen, um mit diesem Wissen ihre Schüler und Patienten besser in ihrer körperlichen Gesundheit unterstützen zu können.

Wenn Sie Ihren Atemtyp noch nicht kennen, können Sie ihn auf der offiziellen Webseite der Terlusollogie® nachschauen. Falls das Ergebnis nicht „Einatmer" oder „Ausatmer", sondern das „Fragezeichen" sein sollte, würde ich Ihnen empfehlen, gemeinsam mit einem Terlusollogen (auch auf dieser Webseite zu finden) herauszuarbeiten, welcher der beiden Atemtypen Sie sind. Das „Fragezeichen" bedeutet nämlich in diesem Fall, dass die Berechnung Sie nicht eindeutig zuordnen kann. Sie gehören aber trotzdem zu *einem* der beiden Atemtypen! Man kann nur ein Atemtyp sein.

Vorab möchte ich noch einige Erklärungen geben:

Der Einfachheit halber spreche ich im Folgenden von *dem Solaren* und *dem Lunaren,* womit immer der *solare Atemtyp* und der *lunare Atemtyp* gemeint ist – egal welchen Geschlechts. Und ich habe – um den Lesefluss nicht zu stören – auf die heute übliche Schreibweise, an die männliche Form *innen zu hängen, verzichtet. Ich hoffe, dass Sie dafür Verständnis haben.

Wenn ich mit Patienten in der 1:1 Konstellation arbeite, sehe ich sofort, ob mein Bewegungsauftrag oder meine Beschreibung, wie ein Körperbereich sich anfühlen sollte, vom Patienten „verstanden" und umgesetzt wird. Dann habe ich, wenn es nötig ist, andere Beschreibungen und Bewegungsaufträge und vor allem kann ich mit meinen Händen den Patienten spüren lassen, wo es hin gehen soll. In einem Buch ist es leider nicht möglich, Bewegungsaufträge genau auf den Einzelnen abzustimmen. Um trotzdem so viele Menschen wie möglich anzusprechen, habe ich des Öfteren zwei oder auch drei Varianten für eine Aussage in Klammer oder mit Schrägstrich angeführt.

Wenn ich von „leicht" oder „ etwas" spreche, meine ich wirklich wenig, einen Hauch, eine Spur.

Die landläufige Bezeichnung einer Bewegung unterscheidet sich manchmal von der anatomischen Bezeichnung einer Bewegung. So sagt man z. B. zu der Fußbewegung nach unten meist "Streckung" des Fußes. Die anatomische Bezeichnung wäre aber in diesem Fall „Plantarflexion". Und „Flexion" bedeutet eigentlich „Beugung". Um hier Missverständnisse zu vermeiden, habe ich die anatomische Bezeichnung einer Bewegung in Klammern gesetzt.

In dem Kapitel „der typgerechte Atem" gehe ich sehr ausführlich auf die Anatomie der unterschiedlichen Atemdynamik der beiden Atemtypen ein. Vielleicht ist das für manche zu detailliert. Dann überspringen Sie die Fußnote über die Muskelverläufe mit ihren Ansätzen und Ursprüngen. Das Wichtigere ist der anschließende Versuch, bei dem es ums *Spüren* geht.

.

Der gesunde Mensch „will" soviel wie er „muss" und er „muss" soviel wie er „will"

Diese Aussage stammt von Erich Wilk, dem Begründer der Atemtypenlehre. Sie gilt für beide Atemtypen! Das *Wollen* bedeutet bei ihm Willensstärke, Intellekt, das geistig Geführte und das Willensbetonte. Und das *Müssen* entspricht dem Triebhaften, der körperlichen Energie und Kraft.

Eine Patientin sagte, als sie den Spruch von mir hörte: „Klar, schlafen *muss* ich." Ein gutes Beispiel! Wie viele Menschen übergehen das Bedürfnis des Körpers nach Schlaf mit ihrem Willen. Ich *will* erst noch ... Manchmal sagt man auch: Ich *muss* erst noch ... Hier ist das *Müssen* nicht das echte Müssen, sondern Wille!

Ist es so, dass ich alle Fenster auf einmal putzen muss (wieder der Wille!), obwohl es meinem Körper zuviel ist und mir am nächsten Tag alles weh tut? Wenn mein Wille und mein Körper im Einklang wären, würde ich vielleicht heute die eine Hälfte der Fenster putzen und morgen die andere oder jeden Tag eines ...

Es geht also nicht nur darum, sich seines Körpers bewusst zu werden, sondern sich auch seiner Überzeugungen bewusst zu werden. Und diese zu überprüfen.

Im Freizeitsport kommt es leider immer wieder vor, dass wir mehr machen als dem Körper gut tut. Zum Beispiel wenn wir mit einem Kumpel, der wesentlich fitter ist, joggen und uns zwingen (Wille!), mit ihm mitzuhalten. Oder weil das Gruppenworkout eben eine Stunde dauert und wir uns nicht trauen, vor dem Ende abzubrechen.

Andererseits muss der Mensch seinem Körper (dem Müssen) die Möglichkeit zu ausreichender Bewegung geben. Vielleicht kennen Sie das: Sie haben über längere Zeit zu wenig Bewegung und werden dadurch immer apathischer und schließlich zum Couchpotato. Dann muss der Mensch sich mit seinem Willen überzeugen, wieder in Bewegung zu kommen.

Was bedeutet typgerechtes Bewegungsverhalten?

Ganz allgemein bedeutet es: Die Bewegungen sind stimmig, ökonomisch, koordiniert, harmonisch, selbstverständlich und schön. Ja, schön! Sie kennen es vielleicht: Manch einem Sportler schaut man gerne zu, weil die Bewegungen und Bewegungsabläufe einem so gut gefallen. Weil sie eben schön sind. Egal ob solar oder lunar – wenn der Atemtyp authentisch und in all seinen Ausprägungen gelebt wird, empfindet man die Bewegung als stimmig ... Aber die Bewegungen und Bewegungsabläufe der beiden Atemtypen sind in ihrer Art und Weise komplett unterschiedlich. Und dieses komplett unterschiedliche Bewegungsverhalten wiederum bewirkt den typgerechten Atem.

Das unterschiedliche Bewegungsverhalten der beiden Atemtypen

Allgemeine Aspekte

Solar: Kraftvoll   Lunar: Dynamisch

Der Solare kommt in seine Kraft über die Ruhe. Erich Wilk hat ihn auch als *Ruhetyp* bezeichnet. Bei allem was der Solare macht, braucht er die Ruhe oder sucht sie. Das heißt, auch wenn er sich *bewegt*, ist sein Ziel die *Ruhe*. Er strengt sich an, macht jede Bewegung mit Kraft, leistungsorientiert, er powert, um danach im guten Sinne „geschafft" zu sein. Dann ist er körperlich entspannt und hat im besten Fall über die körperliche Entspannung seine innere Ruhe gefunden. Er ist in seiner Kraft.

Der Lunare kommt in seine Kraft über die Bewegung. Herr Wilk hat ihn auch als *Dynamiker* bezeichnet. Bei allem was der Lunare macht, braucht er die Bewegung oder sucht sie. Das heißt er *bewegt* sich, um in *Bewegung* zu kommen. Das hört sich paradox an, ist es aber nicht. Wenn er sich seinem Typ entsprechend bewegt – dynamisch, locker, leicht, Anspannung und Entspannung im Wechsel, die Dehnung (nicht die Kraft) betonend, fühlt er sich danach fit. Fit bedeutet in diesem Fall, er ist „angeschaltet", er ist präsent, er kann loslegen. Sowohl geistig als auch körperlich. Er ist in seiner Kraft.

Wie gesagt, ich spreche von den gesunden Atemtypen, die, weil sie ihren Atemtyp leben, sich auch sportlich typgerecht verhalten.

Für beide Atemtypen gilt: Sind sie nach dem Sport erschöpft, haben sie den Sport entweder typwidrig ausgeführt oder sie haben zuviel gemacht. Das richtige Maß kann jeder nur ganz individuell für sich selbst herausfinden. Auch die Bewegungsart, zu der es einen hinzieht.

Ein Tipp nebenbei:

Wenn Sie, aus welchen Gründen auch immer, nicht in die Ruhe (solar) oder in die Bewegung (lunar) kommen, gibt es die Möglichkeit, sich die Ruhe oder Bewegung *vorzustellen*. Wenn der Solare zum Beispiel am Feierabend nur sitzen will, aber noch dies und das und jenes zu erledigen hat und ihn das ganz unruhig macht, kann ihm ein inneres Bild der Ruhe helfen, auch im Tun zur Ruhe zu finden. Wenn der Lunare am Feierabend – vom vielen Sitzen am Schreibtisch – zu nichts mehr fähig ist und auf der Couch endet, wäre es für ihn hilfreich, sich wenigstens im Geiste in Bewegung zu sehen. Sonst besteht die Gefahr, dass er immer inaktiver und lustloser wird.

Nun gibt es natürlich Sportarten, die man mehr dem Solaren (Krafttraining) und Sportarten, die man mehr dem Lunaren (Ausdauersport) zuordnen könnte. Aber letztendlich kommt es auf das *Wie* an. Jede Bewegungsart kann solar oder lunar ausgeübt werden.

Solar: Kraft im Ausatem   Lunar: Kraft im Einatem

Braucht der Solare bei einer Alltagsbewegung (z.B. Wasserkiste hochheben) oder einer körperlichen Übung Kraft, *atmet er währenddessen aus* oder *er hält ausgeatmet den Atem an.* Braucht der Lunare bei einer Alltagsbewegung oder körperlichen Übung Kraft, *atmet er währenddessen ein* oder *hält eingeatmet die Luft an.*
Sie fragen sich vielleicht: Wieso Kraft? Ich denke, der Lunare soll nicht mit Kraft arbeiten.   Das stimmt. Die Betonung sollte beim Lunaren immer auf dynamischen Bewegungen liegen und beim Solaren auf kraftvollen Bewegungen. Aber auch Lunare brauchen natürlich Kraft für anstrengende Alltagstätigkeiten und auch ein Lunarer kann in einer Wirbelsäulengymnastik Bauchmuskelübungen machen - und zwar mit der Einatmung. Auch Krafttraining kann für einen Lunaren sinnvoll sein, wenn er zum Beispiel in gewissen Muskelpartien ein Kraftdefizit hat. Auch hier wird er es leichter haben, wenn er das Gewicht mit dem Einatem oder angehaltenem Einatem stemmt.
Résumé: Die übliche Anweisung, bei Kraftanstrengung auszuatmen, ist also nur für den Solaren sinnvoll.

Solar: Die Bewegung folgt dem Atem
Lunar: Der Atem folgt der Bewegung

Bewegungsübungen kombinieren die beiden Atemtypen auf unterschiedliche Weise mit dem Atem:

Der Solare beginnt mit der *Ausatmung* und während des Ausatmens macht er die Bewegung. Atmung und Bewegung verlaufen dann parallel.

Der Lunare beginnt mit der Bewegung und die Bewegung ist sozusagen der „Lockruf" für den *Einatem*. Auch hier laufen Bewegung und Atmung dann parallel.

Das haben Sie vielleicht anders gelesen oder anders gelernt. Deshalb wieder meine Bitte: Probieren Sie es aus! Beobachten Sie – egal welcher Atemtyp Sie sind – was macht Ihr Atem *von ganz allein*, wenn Sie eine Bewegung oder Anstrengung machen?

Die typische Anweisung in Sport- oder Gymnastikkursen ist, die Bewegung oder Anspannung mit dem Ausatem zu kombinieren. Diese Anweisung stimmt für den Solaren, da die Bewegung dadurch konzentrierter und klarer wird. *Die Bewegung folgt dem Atem.*

Aber für den Lunaren ist diese Anweisung gegen seine Natur. Natürlich kann er das so *machen,* also *willentlich* beeinflussen, aber es entspricht ihm nicht und wenn er nur einen kurzen Moment an etwas anderes *denkt*, wird sein Körper es anders machen. Wenn der Lunare die Bewegung ausführt, wird das – wenn er es typgerecht macht - den Einatem bewirken. *Der Atem folgt also der Bewegung.*

Wenn Sie als Solarer bemerken, dass sich Ihre Ausatmung zum Ende einer Bewegung automatisch* verlängert und wenn Sie als Lunarer von innen heraus den Impuls* zu einer vertieften Einatmung – die den Brustkorb rundherum aufdehnt – bekommen, dann ist es sinnvoll, das *bewusst* zu verstärken.

Der Solare macht die Bewegung mit dem Ausatem, verlängert diesen und wird dadurch auch in der Bewegung noch eindeutiger. Der Lunare verstärkt den durch die Bewegung initiierten Einatem und kann dadurch noch mehr Luft aufnehmen und die Bewegung erweitern.

*"Automatisch" oder „Impuls von innen" heißt, der Körper macht es von allein, ohne dass Sie den Atem beeinflussen, also ohne dass Sie es willentlich machen.

Standbein - Spielbein

Der Solare hat seine Kraftseite links und seine geistig führende Seite rechts, das heißt sein Stand- und Sprungbein ist links und sein Spielbein rechts.

Der Lunare hat seine Kraftseite rechts und seine geistig führende Seite links, das heißt sein Stand- und Sprungbein ist rechts und sein Spielbein links.

Druck- und Stoßakzent

Bei der Unterscheidung zwischen Druck- und Stoßakzent geht es darum, wie der Körper im Kontakt mit Flächen (z.b. Boden, Stuhlfläche) oder Gegenständen (z.b. Fahrradlenker) reagiert.

Beim Druckakzent wird das Körpergewicht zur Kontaktfläche *hin* bewegt.

Beim Stoßakzent wird das Körpergewicht von der Kontaktfläche *weg* bewegt.

Bei Haltungen wie dem Sitzen, dem Stehen und dem Liegen arbeitet der Solare mit dem Druckakzent. Bei allen Bewegungen mit dem Stoßakzent.

Beim Lunaren ist es umgekehrt. Der Stoßakzent wird bei Haltungen und der Druckakzent bei Bewegungen eingesetzt.

Beispiel: Beim Fahrradfahren ist die Armhaltung eine *Haltung*. Der Solare stützt sich auf den Lenker – gibt also einen Druckakzent und der Lunare stößt sich vom Lenker ab – gibt also einen Stoßakzent. Probieren Sie es aus und spüren sie, wie es den Atem verändert.

Das Treten in die Pedale ist eine *Bewegung* der Beine. Der Solare arbeitet hier mit Stoßakzent, der Lunare mit Druckakzent.
Eine Besonderheit gilt für beide Atemtypen: Bewegungen nach oben (z.b. Treppensteigen, Bergaufgehen, Hüpfen) gehören in Bezug auf Druck- und Stoßakzent zu den Haltungen, obwohl man sich dabei bewegt.

Kompakt - gegliedert

Der Solare ist in seinen Bewegungen kompakt und in seinen Haltungen gegliedert.
Der Lunare ist in seinen Haltungen kompakt und in seinen Bewegungen gegliedert.
Kompakt kann man in Bezug auf den Körper so definieren, dass die Glieder und Gelenke zusammengeschaltet, also miteinander verbunden sind – eine Einheit bilden.
Gegliedert kann man in Bezug auf den Körper so definieren, dass die Glieder und Gelenke voneinander unabhängig und einzeln beweglich sind.

Aktiv/betont – Passiv/unbetont

Bewegungen wie das Beugen und Strecken können aktiv/betont und passiv/unbetont ausgeführt werden. So betont der Solare z. B. die Kniebeugung und macht die Streckung unbetont. Der Lunare betont die Kniestreckung und macht die Beugung unbetont.

Es gibt eine Ausnahme: Bei der Hüftbeugung und der Hüftstreckung können bei beiden Atemtypen beide Bewegungsrichtungen aktiv/betont und passiv/unbetont sein. Der Solare macht also *aktiv/betont*, was der Lunare *passiv/unbetont* macht und umgekehrt.

Man könnte auch sagen, dass der *Solare* das *Lunare* unbetont in sich trägt und der *Lunare* das *Solare*.

Zusammenfassung der Aspekte

Diese bisher aufgeführten Aspekte wendet der gesunde Atemtyp meist unbewusst bei Haltungen und Bewegungen an. Weil er sich von Geburt an in seinen Atemtyp hinein entwickeln konnte, muss er nicht darüber „nachdenken". Sein Körper macht es einfach so. Wenn das - warum auch immer – nicht möglich war, hilft dieses „Zerpflücken" des typgerechten Bewegungsverhaltens in die einzelnen Aspekte, um das eigene nicht typgerechte Bewegen zu untersuchen. Um dann verändern zu können, was nötig ist.

So kann es vielleicht sein, dass ein Lunarer feststellt, dass er vor allem in den Haltungen den Stoßakzent entwickeln *muss.* Dazu muss er sich natürlich in der ersten Zeit *willentlich* erinnern. Bis es sein Körper automatisch macht.

Oder ein Solarer bemerkt, dass er grundsätzlich zu wenig mit *Kraft* macht. Auch hier muss er sich *willentlich* erinnern/überzeugen und vielleicht auch überwinden, seine Muskeln zu trainieren.

Und wenn Sie als Lunarer vielleicht schon als Kind von Ihrem Trainer beigebracht bekommen haben, dass man bei einer Anstrengung ausatmet, braucht es natürlich auch einige Zeit, bis Sie Ihren Körper wieder umtrainiert haben. Das Einatmen bei einer Anstrengung oder einer komplexen Bewegung tut nicht nur Ihrem Körper gut, sondern es trägt auch entscheidend zu Ihrem allgemeinen Wohlbefinden bei.

Dominantes Verhalten

Der Körper verzeiht uns gelegentliches typwidriges Verhalten. Wenn wir uns einmal in der Woche typwidrig verhalten, hat das andere Auswirkungen, als wenn wir das täglich tun – womöglich über mehrere Stunden hinweg. Grundsätzlich (dominant) sollten wir typgerecht sein und uns typgerecht verhalten! Ab wann ein Verhalten dominant ist, kann letztendlich nur jeder ganz individuell für sich herausfinden.

Der Atem allgemein

Gott sei Dank müssen wir nicht an das Atmen denken. Solange wir leben, atmet es uns von ganz allein. Unser Körper macht das für uns. Es geschieht unbewusst. Sonst könnten wir z.b. nicht schlafen und müssten im Wachzustand immer an den Atem denken und ihn initiieren. Wir können uns aber auch unseres Atmens bewusst werden. Das heißt, während es uns atmet, beobachten wir unseren Atem, wir nehmen ihn wahr, ohne ihn zu verändern. Dann gibt es noch die Möglichkeit, den Atem bewusst zu beeinflussen. Wenn wir ihn zum Beispiel vertiefen oder in bestimmte Körperbereiche lenken wollen. Es gibt die *Brustatmung* und die *Bauchatmung*. Bei der Einatmung weitet und *dehnt* sich der Brustkorb (die Rippen) beziehungsweise der Bauch- und Beckenraum. Bei der Ausatmung *verengt* sich der Brustkorb (die Rippen) beziehungsweise der Bauch- und Beckenraum. Sowohl im Brustkorb, als auch im Bauchraum ist die Atembewegung nach vorne (ventral) am deutlichsten sicht- und wahrnehmbar. Brust- und Bauchraum sind Atem*räume,* das heißt die Atembewegung ist nicht nur nach vorne, sondern auch zur Seite (lateral) und nach hinten (dorsal) möglich. Der Körper sollte so durchlässig sein, dass der Atem sich rundherum ausdehnen kann.

Der typgerechte Atem

Für den Solaren (Ausatmer) bedeutet typgerechtes Atmen, dass die Ausatmung (*Verengung* des Atemsystems) betont und die Einatmung unbetont ist. Die Ausatmung ist länger als die Einatmung. Betonte Ausatmung bedeutet, aktiv auszuatmen und eine unbetonte Einatmung bedeutet, die Einatmung passiv geschehen zu lassen. Der Atem geht in den Bauch, die Atemrichtung ist vertikal.

Für den Lunaren (Einatmer) bedeutet typgerechtes Atmen, dass die Einatmung (*Dehnung* des Atemsystems) betont und die Ausatmung unbetont ist. Die Einatmung ist länger als die Ausatmung. Betonte Einatmung bedeutet, aktiv einzuatmen und eine unbetonte Ausatmung bedeutet, die Ausatmung passiv geschehen zu lassen. Der Atem geht in die Brust, die Atemrichtung ist horizontal.

Warum geht bei dem einen der Atem – dominant - in den Bauch und bei dem anderen in die Brust?

Zunächst zum Solaren (Ausatmer): Damit sich das Zwerchfell* – hier ist die Zwerchfellplatte gemeint - in den Bauchraum senken kann und der Bauchraum gedehnt wird, müssen die Zwerchfellursprünge an den unteren Rippen *entspannt* sein. Dies ist der Fall, wenn der Musculus (M.) quadratus lumborum** und der M. psoas major*** *aktiv* sind, sprich der Knick am Übergang Becken/Lendenwirbelsäule (LWS) vorhanden ist.

Umgekehrt beim Lunaren (Einatmer): Wenn die hinteren Zwerchfellursprünge *fixiert* sind, kann die Zwerchfellplatte sich nicht in den Bauchraum senken – sie hat sozusagen keine Bewegungsfreiheit. Es ziehen sich die seitlichen und vorderen Zwerchfellteile/-fasern von den Ursprüngen her zusammen. Dadurch dehnen sich die Rippen auf und die Einatmung geht in den Brustkorb. Die Fixierung der hinteren

Zwerchfellmuskelfasern geschieht, wenn der M. quadratus lumborum und der M. psoas *gedehnt* sind, sprich der Übergang Becken/LWS gedehnt ist.

* Der Ursprung des Zwerchfells besteht aus 3 Teilen: der vordere Teil (pars sternalis) ist der kleinste Teil und entspringt an der Brustbeinspitze (processus xiphoideus). Der seitliche Teil (pars costalis) ist der größte Teil und entspringt an der Innenfläche der 7. – 12. Rippen. Der hintere Teil (pars lumbalis) entspringt an den 1. – 3. Lendenwirbelkörpern (LWK) und an der Psoas- und Quadratusarkade (Sehnenbogen, der von dem M. psoas und M. quadratus lumborum gebildet wird). Das Zwerchfell setzt an der Zwerchfellplatte an, sozusagen in sich selbst. Normalerweise setzt ein Muskel an einem Knochen an. Das bedeutet, wenn sich ein Muskel vom Ansatz her zusammenzieht, bewegt er den Knochen. Wenn das Zwerchfell sich vom Ansatz her zusammenzieht, wird die Zwerchfellplatte nach unten in den Bauchraum bewegt und der Bauchraum weitet sich (solar). Wenn das Zwerchfell sich von den Ursprüngen her zusammenzieht, bewegen und weiten sich die Rippen (lunar).
** Der M. quadratus lumborum hat seinen Ursprung am hinteren Beckenkamm (crista iliaca) und seinen Ansatz an der 12. Rippe und den Rippenfortsätzen der 1. - 4. LWK. Gemeinsam mit dem M. psoas bildet er die Psoas-Quadratusarkade in Höhe des 2. Lendenwirbels.

Wenn er sich zusammenzieht, entsteht der Knick am Übergang Becken/LWS und er unterstützt den Ausatem (solar). Wenn er gedehnt ist, wird die natürliche Lordose (Hohlkreuz) der LWS abgeschwächt (die LWS wird gedehnt) und der Übergang Becken/LWS wird gedehnt. Dadurch unterstützt er die Einatmung in den Brustkorb (lunar).

*** Der M. psoas major (auch als „Psoas" oder „Hüftbeuger" bekannt) entspringt am 12. Brustwirbelkörper (BWK) und den 1. – 4. Lendenwirbelkörpern, außerdem an den Rippenfortsätzen der 1. – 5. Lendenwirbel. Sein Ansatz ist am trochanter minor an der Innenseite des Oberschenkels. Er bildet zusammen mit dem M. quadratus lumborum die Psoas- Quadratusarkade. Er bewegt das Hüft- und/oder das Beckengelenk und die LWS. Entweder er beugt das Hüftgelenk (Knie zum Bauch) oder er richtet den Rumpf aus der Rückenlage auf. Je nachdem, ob er sich von seinem Ursprung oder von seinem Ansatz her zusammenzieht.

Wenn er sich von seinem Ursprung *und* von seinem Ansatz her zusammenzieht, ist das Hüftgelenk gebeugt und es entsteht der Knick am Übergang Becken/LWS (solar).

Wenn er in beiden Gelenken gedehnt ist, ist das Hüftgelenk gestreckt (mindestens in der Neutral-Null-Stellung) und der Übergang Becken/LWS ist gedehnt (lunar).

Damit die Atmung bei den beiden Atemtypen auf diese unterschiedliche Art und Weise ganz selbstverständlich und von alleine funktioniert, sind also die Muskeln im Körper unterschiedlich *aktiv* oder *gedehnt*. Nur dann atmet *es* ihn typgerecht.

Testen Sie es bei sich:
1) Setzen Sie sich auf die Vorderkante eines Stuhls, mit leichtem Knick* am Übergang Becken/LWS. Sie sitzen leicht vor den Sitzhöckern mit weitem und entspanntem Becken und der rechte Fuß ist etwas weiter vorne als der linke. Der Oberkörper ist aufgerichtet und etwas nach vorne geneigt. Das Kinn ist leicht gesenkt und der Blick geht nach unten. Geben Sie mit den Füßen einen leichten Druckakzent in den Boden hinein. Die Zunge liegt im Mundboden und ist mit der Zungenspitze an den vorderen, oberen Zähnen. Die Nasenflügel sind tendenziell weit. Wie atmet es Sie, ohne dass Sie den Atem beeinflussen? Geht der Einatem in die Brust oder den Bauch?

* Der Knick am Übergang Becken/LWS entspricht der Beckenkippung (Beckenflexion).
Andere mögliche Formulierungen sind: Das Steißbein nach hinten rausstrecken, „Entenpo machen", die Pobacken und Sitzhöcker nach hinten oben bewegen, „den Purzel rausstrecken", den Unterbauch weiten, das Schambein nach unten und hinten schieben. Kein Hohlkreuz!

2) Bewegen Sie Ihr Becken auf die Sitzhöcker. Ihr Becken ist jetzt – im Vergleich zu vorher – eng und tonisiert* und der Übergang Becken/LWS gedehnt**. Der linke Fuß ist etwas weiter vorne als der rechte. Der Oberkörper ist aufgerichtet, im Lot. Das Kinn ist leicht erhöht und der Blick geht leicht über die Horizontale. Geben Sie mit den Füßen und mit den Sitzhöckern einen leichten Stoßakzent. Die Zunge liegt mit leichtem Tonus* breit am oberen Gaumen und mit den Zungenrändern an den seitlichen, oberen Zähnen. Die Zungenspitze ist entspannt. Die Nasenflügel sind tendenziell eng. Wie atmet es Sie jetzt, ohne dass Sie den Atem beeinflussen? Geht der Einatem in die Brust oder den Bauch?

* Tonus = Spannung, im Sinne von Grundspannung
** Ein gedehnter Übergang von Becken/LWS entspricht der Beckenaufrichtung (Beckenextension). Andere Formulierungen sind: Den Übergang Becken/LWS lang machen, Becken nach vorne schieben, das Becken fest/eng machen, das Becken tonisieren, das Steiß- und Schambein nach vorne bewegen.

Dieser Versuch zeigt Ihnen: Ihr Körper atmet so, wie Sie ihn benutzen – je nachdem welche Muskelketten aktiviert sind. *Machen* können Sie beides – aber nur das eine entspricht Ihnen wirklich.

Für den Ausatmer wäre das in 1) beschriebene Sitzen das Sitzen, das ihm die Fähigkeit gibt, sich auf das zu konzentrieren, was er im Sitzen tun *will*, ohne dass es ihn ablenkt. Und für den Einatmer wäre das in 2) beschriebene Sitzen das optimale Sitzen.

Dieses Wahrnehmen des Atmens können Sie in jeder Haltung und Bewegung machen!

Die Fragen für den Solaren: Geht mein passiver Einatem in den Bauchraum und bis in den Beckenraum? Ist mein Ausatem betonter als mein Einatem? Nehme ich den Ausatem als „zur Ruhe kommen" und damit „in meine Kraft kommen" wahr?

Fragen für den Einatmer: Dehnt sich mein Brustkorb mit dem betonten Einatem rund herum aus? Geschieht der Ausatem unbetont? Nehme ich den Einatem mit seiner Aufdehnung des Brustkorbs als „Energiequelle" und damit als meine „Kraftquelle" wahr?

Wenn Sie nun feststellen, dass es Sie nicht typgerecht atmet, ist es natürlich gut, das typgerechte Atmen zu üben. Wenn man zum Beispiel beide Atemphasen aktiv macht, ist es sinnvoll das *Geschehenlassen* der einen Atemphase zu üben. Auch ein verändertes Körperverhalten, sprich ein anderes Muskelzusammenspiel kann zum typgerechten Atem führen. Und da kann ein winziges Detail – wie gerade an der Lage der Zunge gespürt – den Atem stark verändern. Trotzdem sollte man sich natürlich nicht in körperlichen Details verlieren, sondern den Atem im Auge behalten.

Für den Atem sind noch die Zwischenrippenmuskeln (ZRM), die zwischen den einzelnen Rippen verlaufen - von den Brustwirbeln bis nach vorne zum Brustbein - von großer Bedeutung. Es gibt die inneren Zwischenrippenmuskeln (Mm. intercostales interni*), sie senken die Rippen und unterstützen damit die Ausatmung (solar). Und es gibt die äußeren Zwischenrippenmuskeln (Mm. intercostales externi**), sie heben die Rippen und unterstützen damit die Einatmung (lunar). Jetzt ist es natürlich wichtig, die typeigenen Zwischenrippenmuskeln zu kräftigen und die anderen zu entspannen. Ich erlebe es leider immer wieder, dass sowohl Solare wie Lunare verspannte Zwischenrippenmuskeln haben. Das heißt, bei Solaren ist der Brustkorb dann in der Einatemstellung gehalten. Damit sie mit der aktiven Ausatmung (mit Hilfe der inneren Zwischenrippenmuskeln) ihren Brustkorb eng machen können, ist es sinnvoll, gleichzeitig die verspannten äußeren ZRM zu entspannen/lösen. Wenn Lunare verspannte innere ZRM haben, ist ihr Brustkorb eng und in der Ausatemstellung gehalten. Damit sie mit der aktiven Einatmung (mit Hilfe der äußeren ZRM) überhaupt ihren Brustkorb weiten können, ist es auch hier sinnvoll, gleichzeitig die verspannten inneren ZRM zu entspannen/lösen. Dieses Lösen der ZRM ist nach meiner Erfahrung am besten passiv, durch einen erfahrenen (Massage-)Therapeuten, möglich. Die Lunaren können auch über Dehnlagerungen des Brustkorbs die verspannten inneren ZRM dehnen.

* Die Mm.intercostales interni entspringen am Oberrand einer Rippe und setzen am Unterrand der nächsthöheren Rippe an. Sie verlaufen also zwischen den Rippen von hinten-unten nach vorne-oben.

** Die Mm. intercostales externi entspringen am Unterrand einer Rippe und setzen am Oberrand der nächsttieferen Rippe an. Sie verlaufen also von hinten-oben nach vorne-unten.

Dehnungs- und Verengungszonen

Die Dehnungszonen brauchen es warm und weich und sie mögen *Dehnung* und *Bewegung*. Die Verengungszonen brauchen es kühl und fest und sie mögen *Verengung* und *Ruhe*.

Der Lunare (Einatmer) hat am Schädeldach, dem Hinterkopf (einschließlich Ohren), dem Rumpf, den Armen und Beinen die Dehnungszonen, während der Solare (Ausatmer) dort seine Verengungszonen hat. Am Becken, Hals, Nacken und Gesicht ist es umgekehrt: Der Einatmer hat hier seine Verengungszonen, während der Ausatmer hier seine Dehnungszonen hat.

Auf den Sport bezogen heißt das, dass es für den Lunaren gut ist, viel für seine Beweglichkeit und Dehnbarkeit zu tun – mit Halt und Festigkeit im Becken und Hals. Während es für den Solaren gut ist, viel für seine Kraft zu tun – mit beweglichem Becken und Hals.

Bei Kraftübungen ziehen sich die Muskeln zusammen, *„verengen sich"*, während bei Dehnungsübungen die Muskeln lang werden, *gedehnt* werden.

Das Atemsystem liegt beim Solaren in einer *Verengungs*zone und beim Lunaren in einer *Dehnungs*zone.

Bei beiden Atemtypen kommt der Impuls zur *Bewegung* aus den *Dehnungszonen*, während die *Stabilitäts-, Halte-* und *Kraftarbeit* zu den *Verengungszonen* gehört.

In jeder Wirbelsäulengymnastik – aber auch im Yoga - werden Verdrehungen für die Wirbelsäule gemacht. Wenn der Lunare die Drehung mit dem Brustkorb beginnt, bewegt und dehnt sich seine Dehnungszone. Das Becken und der Hals machen die Bewegung mit, weil sie sozusagen an der Brustwirbelsäule „hängen", bleiben aber in sich stabil/ruhig.

Sie haben sich nicht *bewegt*, sondern nur die Lage verändert, weil der Brustkorb sie mitgenommen hat.

Der Solare initiiert die Wirbelsäulendrehung vom Becken und/oder vom Hals aus, was durch die Kopfbewegung sichtbar wird. Er bewegt also auch seine Dehnungszonen. Bei ihm bleibt der Brustkorb stabil/ruhig/gehalten, es findet hier in sich keine Bewegung statt, nur eine Lageveränderung. Das entspricht der Verengungszone.

Solare Dehnungs- und Verengungszonen

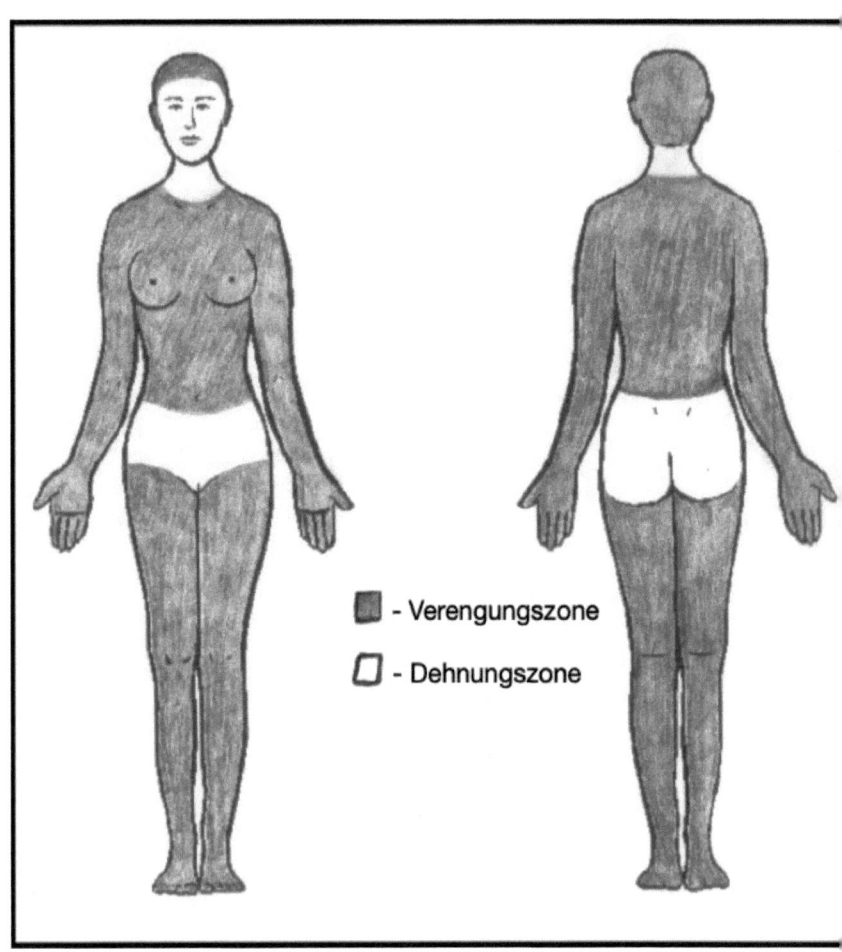

■ - Verengungszone

▱ - Dehnungszone

Lunare Dehnungs- und Verengungszonen

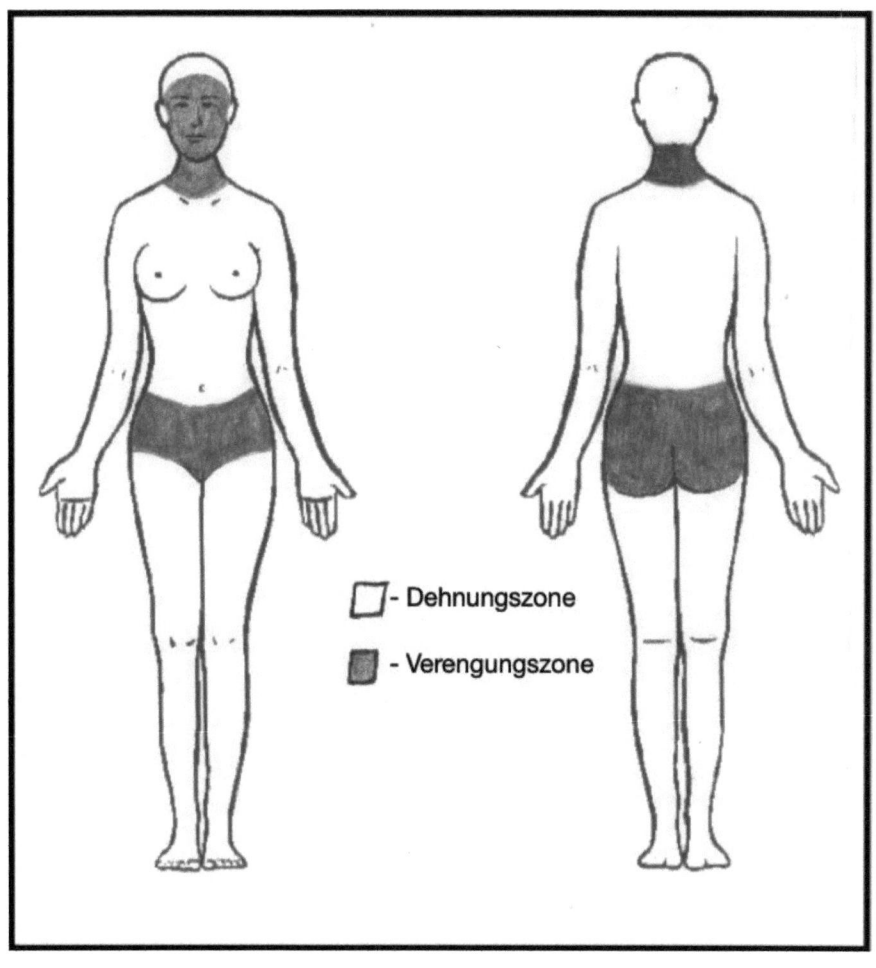

☐ - Dehnungszone

■ - Verengungszone

Die allgemeinen Aspekte angewandt auf Haltungen

Bei allen Haltungen gilt für die Solaren der Druckakzent und das Gegliederte, für die Lunaren gilt der Stoßakzent und das Kompakte.

Liegen

Für den wichtigen, erholsamen Schlaf verbringen wir +/- 8 Stunden des Tages im Bett – liegend. Wenn es uns im Schlaf typgerecht atmet, sind wir am Morgen wirklich erholt und bereit für den Tag. Grundsätzlich kann sich das Atemsystem in der Bauchlage besser verengen als in der Rückenlage und in der Rückenlage besser ausdehnen als in der Bauchlage. Folglich ist für den Solaren die Bauchlage (BL) – mit unterlagerten Füßen oder einem seitlich hochgezogenem Bein mit gebeugtem Knie am günstigsten. Für den Lunaren ist die Rückenlage (RL) – flach, ohne Kissen, mit leicht erhöhtem Kinn, am günstigsten. Trotzdem ist es gut, zu prüfen, ob es mich in der für mich günstigen Lage auch tatsächlich typgerecht atmet.

Liegen Sie als Lunarer kompakt und mit Stoßakzent? Ich erlebe es immer wieder, dass Lunare sagen, sie können nicht auf dem Rücken liegen, weil sie dann Schmerzen im unteren Rücken bekommen. Wenn ich mir ihr Liegen anschaue, sehe ich, dass sie in RL die Beine nach außen fallen lassen, gegliedert sind und mit Druckakzent liegen. Dadurch wird das Becken in den Knick gezogen, was für den unteren Rücken des Lunaren nicht gut ist. Oft hilft es dann, die Beine nach innen zu drehen, so dass die Großzehen senkrecht zur

Decke zeigen und die Fersen in Verlängerung der Beine (in Richtung der gegenüberliegenden Wand) raus zu schieben. Dadurch entsteht automatisch Kompaktheit und die Rückseite der Beine und der Übergang Becken/LWS werden gedehnt.

In der Seitenlage hat der Solare gern den unteren Arm *hinter* dem Körper und das obere Bein mit gebeugtem Knie hochgezogen. Das Knie bleibt in einem Winkel unterhalb von 90 Grad im Hüftgelenk, so dass im Becken der Knick erhalten bleibt. Diese Lage unterstützt wie die Bauchlage das Ausatmen.

Der Lunare liegt auf der Seite mit Kissen unter dem Kopf, hat den unteren Arm mit der Schulter *vor* dem Körper und das obere Knie oder beide gebeugt – oberhalb des rechten Winkels im Hüftgelenk, so dass die Dehnung im Übergang Becken/LWS vorhanden ist. Diese Lage unterstützt wie die Rückenlage den Einatem.

Die Erfahrung zeigt, dass der Solare die linke Seitenlage bevorzugt und der Lunare die rechte. Das Herz liegt beim Solaren in einer *Verengungszone*, während es beim Lunaren in einer *Dehnungszone* liegt. Das solare Herz wird durch den Druck des „Draufliegens" unterstützt, während das lunare Herz Raum braucht. Ich habe schon von einigen Lunaren gehört, dass sie links nicht lange liegen können, weil sie dann ihr Herz schlagen hören und ihnen das unangenehm ist.

Die RL wäre für den Solaren und die BL für den Lunaren am typwidrigsten. Trotzdem kann ein Solarer natürlich auch mal auf dem Rücken und ein Lunarer mal auf dem Bauch liegen - wenn er seinen Körper so organisiert, dass es ihn typgerecht atmet. Der Solare wird in RL die Knie unterlagern und die Beine leicht nach außen drehen, so dass der Übergang LWS/Becken im Knick sein kann und der Atem in den Bauch fließen kann. Außerdem ist ein Kissen unter dem Kopf oder sogar ein leichtes Hochlagern des Oberkörpers gut, um den Ausatem zu unterstützen. Der Lunare wird auf dem Bauch liegend mit dem Grundtonus im Becken und gedehntem Becken/LWS Übergang verhindern, dass das Becken automatisch in den Knick gezogen wird.

Sitzen

Die meisten Menschen verbringen noch mehr Zeit des Tages im Sitzen als im Liegen! Also ist es besonders sinnvoll – egal ob wir aktiv sitzen, um eine Tätigkeit zu verrichten oder uns abends auf der Couch fläzen - es so zu tun, dass es uns typgerecht atmen kann.

Solares aktives Sitzen: Auf der vorderen Stuhlfläche, leicht vor den Sitzhöckern, gerader Oberkörper, leicht nach vorne geneigt, langer Nacken mit leicht gesenktem Kinn. Ohne Hohlkreuz, aber mit Knick am Übergang Becken/ LWS und entspanntem Unterbauch. Die Füße sind mit den Fußspitzen unter den Knien aufgestellt, der rechte etwas vor dem linken. Die Füße können auch mit den Fußballen unter dem Stuhl aufgestellt sein oder sich um die Stuhlbeine schlingen. Der Druckakzent geht über die Füße in den Boden und über das Becken in die Stuhlfläche. So können die Solaren tatsächlich stundenlang sitzen und sich auf ihre Tätigkeit konzentrieren. Es atmet sie typgerecht, ohne dass sie darauf achten müssen. Wenn der Solare es sich gemütlich machen will, rutscht er mit dem Knick am Übergang Becken/LWS auf der Stuhl-/Sesselfläche ganz nach hinten und lehnt sich an. Da sein Becken zu einer Dehnungszone gehört, sitzt er gerne weich. Ein Keilkissen kann das solare Sitzen unterstützen.

Lunares Sitzen: Hier muss zunächst erinnert werden, dass der Lunare nicht für die Haltung sondern für die Bewegung geschaffen ist. Trotzdem kann auch er so typgerecht sitzen, dass er sich ganz und gar auf die Tätigkeit, die er gerade ausübt, konzentrieren kann. Er wird sich aber im Gegensatz zum Solaren zwischendurch öfter bewegen. Entweder sich dehnen und strecken oder aufstehen, um etwas zu trinken ... Sein aktives Sitzen ist aufrecht, auf den Sitzhöckern, mit gedehntem Übergang Becken/LWS, die Füße mit den Fersen unter den Knien aufgestellt, der linke Fuß leicht vor dem rechten, von den Füßen und Sitzhöckern aus einen Stoßakzent gebend. Der Hals wird stabil gehalten und das Kinn ist leicht erhöht, was wiederum heißt, dass es für den Lunaren günstig ist, wenn seine Arbeitsfläche etwas erhöht ist! So atmet es den Lunaren typgerecht, ohne dass er auf das Atmen achten muss. Für ihn ist es angenehm, sich anzulehnen - mit geöffnetem/aufgerichtetem Brustkorb. Der Übergang Becken/LWS wird mehr gedehnt (denken Sie an das Zusammenspiel Psoas und Atmung!), und er kann länger sitzen. Eventuell streckt er auch die Beine aus und legt den linken Fuß über den rechten – mit tonisiertem Becken! Auf der Couch oder wo es möglich ist, legt er gern die Füße/Beine hoch. Da sein Becken zu einer Verengungszone gehört, sitzt er gern auf festem Untergrund.

Auch das Aufstehen vom Sitzen machen die beiden Atemtypen unterschiedlich:

Solar: Er beugt den geraden Oberkörper in der Hüfte soweit nach vorne, bis er sich ganz selbstverständlich von den Füßen (das Gewicht mehr auf dem Vorfuß) nach oben zum Stehen *drücken* kann.

Lunar: Vom Sitzen aus *stößt* er sich senkrecht nach oben zum Stehen. Vielleicht beugt er sich ein wenig nach vorne, aber auf jeden Fall *stößt* er sich von den Füßen/Fersen senkrecht nach oben. Eventuell hilft er noch mit den Armen mit, indem er sich von den Armlehnen *abstößt*.

Stehen

Hier sei zunächst an das Stand- und das Spielbein erinnert: Der Solare hat sein Standbein links (li) und sein Spielbein rechts (re) und der Lunare umgekehrt: Standbein re und Spielbein li. Wenn das Spielbein leicht vor dem Standbein steht, unterstützt das den typgerechten Atem – im Stehen und im Sitzen! Auch hier wieder: Wenn Zweifel hochkommen: Probieren Sie es aus! Spüren Sie, was sich in Ihrer Körperorganisation verändert, wenn Sie das Spielbein leicht vor, auf gleicher Höhe oder leicht hinter dem Standbein haben. Und wie sich infolgedessen Ihr Atem verändert. Je differenzierter Sie spüren lernen, umso unabhängiger werden Sie von Lehrmeinungen.

Solares Stehen: Der re Fuß steht leicht vor dem li Fuß, das Gewicht liegt mehr auf dem Vorfuß, die Knie sind locker gebeugt, im Hüftgelenk ist eine leichte Beugung, das Becken ist etwas gekippt und am Übergang Becken/LWS ist der Knick - im Stehen weniger deutlich ausgeprägt als im Sitzen. Der gerade Oberkörper ist etwas nach vorne geneigt. Das Kinn und der Blick sind etwas unterhalb der Horizontalen. Der Solare steht gegliedert und mit Druckakzent.

Lunares Stehen: Das Gewicht ist mehr auf den Fersen, die Knie sind locker gestreckt (nicht durchgeblockt!), der Psoas ist gedehnt: Die Hüfte ist gestreckt, das Becken aufgerichtet und der Übergang Becken/LWS ist gedehnt – im Stehen weniger als im Sitzen. Der Oberkörper ist aufrecht, das Kinn und der Blick leicht über der Horizontalen. Der Lunare steht kompakt und mit Stoßakzent. Er wird allerdings langes Stehen vermeiden. Er bevorzugt ja die Bewegung.

Stehen auf dem Balancekreisel

Beide Atemtypen stellen sich mittig mit beiden Füßen und dem ganzen Fuß auf einen Balancekreisel o.ä.

Der Solare steht solar und der Lunare lunar. Achten Sie einmal darauf, was passiert, wenn Sie beim Balancieren ins Typwidrige geraten: Wenn der Solare sich zu sehr aufrichtet und mit dem Gewicht auf die Fersen kommt oder der Lunare mit dem Becken kippt und das Gewicht zu sehr nach vorne bringt. Meist ist das Gleichgewicht dann verloren. Durch das Balancieren sollen ja das Gleichgewicht und die Muskeln trainiert werden und das ist natürlich typgerecht am sinnvollsten und geht gleichzeitig typgerecht am besten. Das heißt, der Solare wird beim Balancieren das Gewicht immer wieder auf die Vorfüße bringen, in den Knien leicht gebeugt bleiben ... Und der Lunare wird das Gewicht mit locker gestreckten Knien immer wieder auf die Fersen bringen und ganz aufrecht bleiben. Durch verschiedene Übungen wie z.B. Schulter- oder Armkreisen ... können Sie das Gleichgewicht und die Muskeln zusätzlich kräftigen. Oder auf einem Bein balancieren ...

Wenn Sie feststellen, dass Sie bisher typwidrig gestanden haben und das typgerechte Stehen stärken wollen, sind Balancekreisel oder Ähnliches ideal. Vorausgesetzt Sie stellen sich typgerecht darauf und versuchen beim Balancieren in dieser Haltung zu bleiben.

Hüpfen auf dem Trimilin (kleines Trampolin)

Beim Hüpfen auf dem Trimilin bleibt der Körper in ein und derselben Körper*haltung*. Der Unterschied der beiden Atemtypen ist deutlich zu sehen: Der Solare springt in solarer, gegliederter Haltung betont *in* das Sprungtuch: Vorfußbetont, gebeugte Knie, gebeugtes Hüftgelenk, Becken gekippt und beweglich, der Oberkörper etwas nach vorne geneigt, das Kinn leicht gesenkt. Hier wirkt der Druckakzent. Unbetont hebt er vom Sprungtuch ab.

Der Lunare betont die Richtung nach oben und *stößt* sich *vom* Sprungtuch ab (Stoßakzent). Natürlich in lunarer, kompakter Haltung: Fersenbetont, locker gestreckte Knie, aufgerichtetes Becken, aufrecht und leicht erhöhtes Kinn. Das Zurückkommen auf das Sprungtuch geschieht unbetont. Auch mit dem Trimilin kann man die typgerechte Körperhaltung des Stehens wunderbar trainieren und manifestieren.

Treppen hoch gehen

Sie erinnern sich: Treppe hoch gehen gehört zu den Haltungen, obwohl es eine Bewegung ist. Der Solare geht die Treppe mit *Druckakzent* hoch und der Lunare mit *Stoßakzent*. Und natürlich ist die Ausgangsstellung typgerecht: Der Solare ist – mit geradem Rücken - leicht nach vorne geneigt. Das heißt, die Knie und die Hüfte sind etwas gebeugt. Er setzt meist nur den Vorderfuß auf die Stufe, da er sich über den Fußballen hoch *drückt*. Er drückt sich aus der Kraft der Oberschenkel von Stufe zu Stufe. Die Beugung der Beingelenke bleibt erhalten.

Der Lunare hingegen startet mit locker gestreckten Knien und vorgeschobenem Becken, der Oberkörper ist aufrecht. Er setzt meistens den ganzen Fuß auf die Stufe und *stößt* sich senkrecht nach oben, bringt also sowohl Knie wie Hüfte beim Hochgehen/Hochstoßen in Streckung.

Die allgemeinen Aspekte angewandt auf Bewegungen

Bei allen Bewegungen gilt für den Solaren der Stoßakzent sowie das Kompakte und für den Lunaren der Druckakzent sowie das Gegliederte.

Treppen abwärts gehen

Der Solare *stößt* sich mit dem Vorfuß von Stufe zu Stufe ab. Er „hüpft" sozusagen die Treppe nach unten – mit gebeugten Knien. Er ist dabei kompakt.

Der Lunare gibt in jede einzelne Treppenstufe *Druck*, er lässt sich sozusagen von Stufe zu Stufe „fallen" – mit dem ganzen Fuß, aufrecht. Dabei werden die Knie passiv gebeugt und zum Aufkommen auf die Stufe aktiv gestreckt. Er ist gegliedert.

Gehen

Solares Gehen ist kompakt. Beim *Abrollen des Fußes* liegt die *Betonung* auf dem *Abstoßen vom Vorfuß*, während das *Fußaufsetzen unbetont* ist. Mit dem Abstoßen vom Vorfuß sind die aktive Kniebeugung und die aktive Hüftstreckung verbunden. Es ist ein wippender, federnder Gang. Das Becken bewegt sich mit, während der Oberkörper ruhig/gehalten ist. Auch die Arme schwingen wenig mit (kompakt). Gerne steckt der Solare beim Gehen die Hände in die Hosentasche. Der Kopf ist beweglich.

Lunares Gehen ist gegliedert. Hier wird *das Aufsetzen der Ferse* mit *Druckakzent betont* und das *Abrollen und Abstoßen des Vorfußes* ist *unbetont*. Mit dem Aufsetzen der Ferse ist die aktive Kniestreckung verbunden. Das Becken ist ruhig/stabil/gehalten. Dafür ist der Oberkörper beweglich und die Arme schwingen mit, mit der Betonung nach hinten. Der Kopf wird gehalten. Beim schnellen Gehen neigen manche Lunare den geraden Oberkörper etwas nach vorne (Beugung im Hüftgelenk).

Stellen Sie sich vor, Sie werden im Gehen von hinten gerufen. Sie können stehen bleiben und sich umdrehen oder sich während des Weiterlaufens umdrehen:

Beim Stehenbleiben dreht sich der Solare um seine eigene Achse, indem er mit den Füßen Schritte auf der Stelle macht. Beim Weiterlaufen dreht er das Becken und den Kopf. Der Oberkörper dreht sich automatisch mit, bleibt aber in sich ruhig/stabil, ohne sich selbst zu bewegen.

Während der Lunare – egal, ob er weiterläuft oder stehen bleibt - das Becken stabil hält und den Oberkörper dreht. Da der Kopf durch den Hals gehalten wird (Verengungszone), macht der Kopf die Drehung des Oberkörpers mit, ohne sich selbst zu bewegen.

Joggen

Der Solare läuft mit Kraft. Ihm hilft das Kombinieren des Atems mit den Schritten: Er wird beim betonten Ausatmen mehr Schritte machen als beim unbetonten Einatmen. Er stößt sich vom Vorfuß ab, ist leicht nach vorne geneigt und unterstützt das Laufen der Beine durch die Bewegung der Arme mit angewinkelten Ellenbogen nach vorne. Die Bewegung der Arme nach vorne ist also betont und das Zurückbewegen unbetont. Das Becken und der Hals sind weich und beweglich.

Der Lunare läuft locker/leicht. Er braucht sich nicht um das Atmen zu kümmern, sein Körper macht es von alleine. Und sein Körper macht beim betonten Einatmen mehr Schritte als beim unbetonten Ausatmen. Wenn der Lunare das Gefühl hat, mehr Luft und Sauerstoff für das Laufen zu brauchen, dann wird er den Einatemimpuls, der aus dem Körper kommt, intensivieren/verstärken. Er läuft mit Druckakzent, aufrecht, mit dem Gewicht auf den Fersen und unterstützt das Laufen der Beine durch die Bewegung der Arme mit angewinkelten Ellenbogen nach hinten. Das Bewegen der Arme nach hinten ist also betont und das Bewegen der Arme nach vorne unbetont. Das Becken und der Hals sind tonisiert/gehalten.

Es gibt Jogger, die gerne „durchlaufen" und andere, die das Laufen unterbrechen, um Körperübungen zu machen. Für den Solaren wären hier die Kraftübungen angesagt und für den Lunaren die Dehnungs- und Balancierübungen.

Patientenbeispiel
Eine lunare Patientin, Anfang 50, wollte wieder mit dem Joggen anfangen und dies nach einem Joggingpapst „richtig" machen: Auf 4 Schritte ausatmen und auf einen Schritt einatmen. Dieser Auftrag war für meine Patientin einfach

schlecht. Das war so typwidrig, dass es ihr jegliche Kraft nahm. Sie gab nach ein paar Versuchen das Joggen auf! Obwohl sie früher gern gejoggt war! Sie war frustriert, dass jetzt „im Alter" auch das nicht mehr geht. Die Anweisung des Joggingpapstes ist gut für den Ausatmer, aber nicht für den Einatmer. Nachdem sie das lunare Atmen gelernt, und über die lunaren Übungen wieder das Lunar-Sein entdeckt und in ihren Alltag integriert hatte, hat sie es noch einmal versucht. Ohne sich um das Atmen zu kümmern. Und siehe da: Es ging! Heute joggt sie wieder richtig gern! Und lässt den Atem frei fließen!

Hier haben wir es wieder mit dem Ausgleich von Willenstärke und Körperstärke zu tun. Hätte die Patientin es nicht „richtig" machen wollen, sondern hätte ihren Körper einfach laufen lassen, hätte das Joggen nach den vielen Jahren Pause vielleicht auch ohne meine Hilfe geklappt. So musste sie erst wieder lernen, ihrem Körper zu vertrauen und sich selbst davon überzeugen, dass die Aussage dieses Joggingpapstes für sie absolut falsch war und es nicht an ihr lag. „Wenn er das so empfiehlt und ich das nicht hinkriege, muss es doch an mir liegen." Soviel zu Überzeugungen!

Fahrradfahren

Das Fahrradfahren ist eine Kombination aus der Haltung der Arme und der Bewegung der Beine.

Der Solare hat die Füße mit den Fußballen (Vorfuß) auf den Pedalen und bewegt diese, indem er den Vorfuß aktiv nach unten bewegt (Plantarflexion). Die weiterlaufende Bewegung ist eine aktive Kniebeugung. Der Rücken ist gerade. Mit den Händen und leicht gebeugten Armen/Ellenbogen gibt er einen Druckakzent in den Lenker. Die Hände sind im Handgelenk geknickt/hochgezogen (Palmarextension).

Der Lunare hat den Mittelfuß auf dem Pedal. Er bewegt die Pedale aus der Kraft der Oberschenkel. Er bringt das Bein in eine aktive Streckung. So bewegt sich die Ferse nach unten und der Fuß kommt automatisch in die Plantarextension. Das Becken ist stabil. Der Rücken ist gerade. Mit den Händen und locker gestreckten Armen/Ellenbogen stößt er sich vom Lenker ab. Den Lenker greift er mit den Händen in der Neutralstellung im Handgelenk, so dass die Aktivität der Hände nach unten geht (Palmarflexion).

Und natürlich gelten für das Sitzen auf dem Fahrradsattel die gleichen Aspekte wie für das „normale" Sitzen: Solar mit Druckakzent und Knick am Übergang Becken/LWS, lunar mit Stoßakzent und gedehntem Übergang Becken/LWS. Für beide Atemtypen gilt: Wie weit der gerade Rücken nach vorne geneigt ist, hängt vom Abstand zwischen Sattel und Lenker (und von den Körperproportionen) ab.

Wenn Sie vom Fahrradfahren taube, eingeschlafene Füße bekommen, überprüfen Sie die Art und Weise, wie Sie in die Pedale treten und Ihr Becken! Vor allem Lunare, die zu wenig Tonus/Halt im Becken haben, kippen mit dem Becken nach vorne. Dadurch wird bei ihnen die Nervenleitung zu den Füßen gestört. Wenn Sie beim Fahrradfahren Probleme mit den Händen und Armen bekommen, überprüfen Sie Ihren oberen Rücken – er sollte gerade sein -, die gebeugten oder gestreckten Arme/Ellenbogen und vor allem, wie Sie den Lenker greifen.

Krafttraining

Der Solare bewegt das Gewicht entweder mit dem bewussten Ausatmen oder er atmet vorher aus, hält ausgeatmet den Atem an und bewegt dann das Gewicht.

Wenn der Lunare es auf diese Weise macht, bringt es ihn eher *aus* als *in* seine Kraft. Der Lunare hat seine Kraft beim Einatem. Das heißt, entweder er atmet bewusst beim Gewicht bewegen ein oder er atmet vorher ein, hält eingeatmet den Atem an und bewegt dann das Gewicht.

Ganz allgemein: Machen Sie nie – egal ob Sie solar oder lunar sind – unter Belastung ein Hohlkreuz! Das heißt, abgesehen davon, dass Sie die Ausgangstellung (Liegen, Sitzen, Stehen) typgerecht einnehmen, achten Sie bitte darauf, dass Sie nicht im Hohlkreuz sind und auch nicht mit dem Bewegen des Gewichts ins Hohlkreuz kommen.

Im Sinne der Atemtypenlehre ist es sinnvoll, speziell die Muskeln Ihrer Atemtypmuskelkette zu trainieren. Nicht nur, aber öfter als die entgegengesetzten Muskeln. Zum Beispiel am Gerät „Butterfly": Die Bewegung der Arme nach vorne stärkt die Atemmuskelkette des Solaren und die Bewegung der Arme nach hinten stärkt die Atemmuskelkette des Lunaren (siehe Kapitel „Schulter"). Der Solare sollte also den „Butterfly" nach vorne öfter machen und der Lunare nach hinten.

Tanzen

Haben Sie schon einmal den Unterschied von Solaren und Lunaren beim freien Tanzen beobachtet? Hier kann man gut die Wirkung der Dehnungs- und Verengungszonen beobachten. Beide Atemtypen bewegen die Körperteile, die Bewegungszonen sind und halten die Verengungszonen im Gegensatz dazu ruhig/stabil. Ich werde versuchen, Ihnen dazu ein Bild zu verschaffen:

Der Solare tanzt auf der Stelle, wechselt maximal mit dem Gewicht von einem Fuß/Bein auf das andere, bewegt das Becken und den Hals/Kopf zur Musik, hält die Arme angewinkelt am Körper und der Blick ist meistens nach unten. Der Lunare bewegt die Beine, die Arme und den Oberkörper zur Musik, das heißt er beugt abwechselnd ein Bein, macht Schritte vor und zurück, zur Seite ... , nimmt die Arme hoch und runter, öffnet sie, beugt die Ellenbogen ... und der Oberkörper wird je nach Beweglichkeit kreisend und/oder nach hinten bewegt ..., aber er hält sein Becken und den Kopf stabil/ruhig. Der Blick ist meist nach oben in den Raum gerichtet. Er bleibt nicht auf der Stelle, sondern bewegt sich im Raum. Wenn ein Lunarer und ein Solarer zusammen tanzen, tanzt der Lunare um den Solaren herum und der Solare bleibt auf der Stelle. Es sieht bei beiden ganz stimmig aus und beide bewegen sich auf ihre typeigene Art nach der Musik.

Kurse allgemein

Es gibt Yoga-Richtungen, die lehren, mit dem Einatem in eine Yogaposition zu gehen und es gibt Yoga-Richtungen, die lehren, mit dem Ausatem in eine Yogaposition zu gehen. Wenn Sie sich einer Yogalehre angeschlossen haben, die Ihrem Atemtyp entspricht, ist alles gut. Aber wenn nicht ... Ich erinnere mich an eine Solare, die sogar eine ganze Yoga-Ausbildung abgeschlossen hatte, in der sie die Bewegungen mit dem Einatem kombiniert hatte. Sie war so erleichtert zu hören, dass es für Ihren Atemtyp gut ist, die Bewegung mit dem Ausatem zu machen. Sie sagte: „Mein Körper wollte bei der Bewegung immer ausatmen und es hat mich ganz schön viel Anstrengung gekostet, die Bewegung mit dem Einatem zu kombinieren." Dieses Beispiel zeigt sehr schön, dass die Bemühungen, sich dem Typwidrigen anzupassen, doppelt anstrengend sind. Man muss ja die ganze Zeit willentlich „aufpassen", damit der Körper die Übungen auch so macht, wie sie angeleitet werden. Das kostet geistige Energie und der Körper kann keine Kraft schöpfen, weil er sie ja dem Willen gehorchend typwidrig machen muss.

Wenn Sie die Wechselatmung im Yoga kennen und machen, hier ein Tipp für Sie: Halten Sie die Luft nur nach Ihrer aktiven Atemphase an!

Wenn Sie sich nach mehrmaliger Teilnahme an einem Bewegungskurs nicht wirklich wohl fühlen und Sie nicht in ihre Kraft kommen, könnte es daran liegen, dass der Übungsleiter unbewusst nur Übungen anleitet, die seinem, aber nicht Ihrem Atemtyp, entsprechen. Dann wäre es gut, dem Körper zu vertrauen. Es kann aber natürlich auch sein, dass Sie einfach dranbleiben müssen, da sich ein Übungseffekt erst nach einiger Zeit einstellt.

Denken Sie daran: Eine gesunde Wirbelsäule sollte einerseits kräftig und andererseits beweglich und dehnfähig sein. Das heißt, beide Atemtypen brauchen beides, aber dominant sollte das Typeigene trainiert werden.

Sie können viel für sich abwandeln. Wenn z.B. in einem Kurs die Bewegung mit dem Ausatem angeleitet wird, Sie aber lunar sind, dann folgen Sie dieser Anleitung nicht und lassen Ihren Körper so atmen wie es ihm entspricht.

Wenn Lunare sich mühsam die Bauchatmung „antrainieren" und/oder das immer längere Ausatmen üben, entfernen sie sich damit leider von ihrem typischen Sosein. Sie werden dadurch immer schlapper und verlieren auf Dauer ihre Energie. Für sie ist es wichtig, den Ausatem nicht zu forcieren, sondern ihn passiv geschehen zu lassen – solange, wie der Ausatem eben ist. Außerdem ist für die Lunaren die tiefe, aktive Einatmung in den Brustkorb wichtig! Wenn Sie als Lunarer feststellen, dass Ihr Einatem zu sehr in den Bauch geht, überprüfen sie Ihr Becken – es sollte eine gute Grundspannung haben – und tun Sie etwas für Ihren Brustkorb, im Sinne von Rippenweitung und Rippenaufdehnung. Dann kann sich die Luft beim Einatmen auch im Brustkorb ausbreiten.

Die Gelenke allgemein

Ein gesundes Gelenk kann sich frei in alle ihm möglichen Richtungen bewegen. Es ist stabil und kräftig und bis in die Endpositionen beweglich. Ein Gelenk besteht aus 2 Gelenkpartnern, die bei einer Bewegung entweder zum *punktum mobile* oder zum *punktum fixum* werden können. Bewegt wird ein Gelenk durch Muskeln, die sich entweder von ihrem Ursprung oder von ihrem Ansatz aus zusammenziehen können.

Muskeln können sich *zusammenziehen* und *dehnen*.

Andere Ausdrücke für das *Zusammenziehen* eines Muskels sind: er ist „in seiner Funktion", er arbeitet, ist aktiv, angespannt, angenähert, tonisiert, verkürzt, kontrahiert, tätig.

Für das *Dehnen* eines Muskels gibt es nur wenige andere Ausdrücke: lang machen, „längen".

Wenn ein Gelenk gestreckt ist, haben sich die Streckmuskeln zusammengezogen/verkürzt und die Beugemuskeln sind gedehnt. Umgekehrt: Wenn ein Gelenk gebeugt ist, haben sich die Beuger verkürzt und die Strecker sind gedehnt.

Manche Gelenke haben nur eine Bewegungsebene – das Strecken und das Beugen – wie z.B. die Fingerend- und die Fingermittelgelenke. Andere Gelenke haben drei Bewegungsebenen, das heißt, sie können sich, außer dem Strecken und Beugen, auch drehen und eine Seitwärtsbewegung machen, wie z. B. die Hüft- und die Schultergelenke.

Für den typgerechten Atem ist vor allem die Streckung und Beugung wichtig, manchmal auch die seitliche Bewegung.

Atemtypgerecht wird eine Bewegung in die eine Richtung aktiv/betont gemacht und in die andere Richtung passiv/unbetont. Wenn Sie aktiv die Bewegung machen, die eigentlich typgerecht passiv sein sollte, ist das besonders ungünstig.

Bevor ich die einzelnen Gelenke ausführlich bespreche, hier zunächst eine Auflistung über die Aktivität und Passivität der einzelnen Gelenkstellungen und Bewegungen. Sie dient vor allem dem Nachschlagen, von daher können Sie sie jetzt auch gerne überspringen.

Gelenkstellungen und Bewegungen im Überblick

Solar

Zehenendgelenke:	aktiv strecken und passiv beugen
-mittelgelenke:	aktiv beugen und passiv strecken
-grundgelenke:	aktiv hochziehen/strecken und passiv beugen
Zehen:	aktiv schließen (Adduktion) und passiv spreizen (Abduktion)
Fußgelenke:	aktiv nach unten (Plantarflexion) und passiv nach oben (Plantarextension)
Kniegelenke:	aktiv beugen und passiv strecken
Hüftgelenke:	die Bewegung nach vorne (Flexion) und die Bewegung nach hinten (Extension) kann sowohl aktiv wie passiv sein
Becken:	aktiv nach hinten (Beckenflexion) und passiv nach vorne (Beckenextension)
Oberkörper/ BWS und LWS:	aktiv nach vorne beugen (Flexion) und passiv nach hinten strecken (Extension)
Hals/HWS und Kopf:	aktiv nach vorne (Flexion) und zur Seite. Passiv nach hinten (Extension)

Kiefergelenke:	aktiv öffnen, passiv schließen
Schultern:	aktiv nach vorne (Flexion) kombiniert mit der Bewegung zur Körpermitte (Adduktion), passiv nach hinten (Extension) kombiniert mit der Bewegung zur Körpermitte
Ellenbogengelenk:	aktiv beugen und passiv strecken
Handgelenk:	aktiv hochziehen (Palmarextension) und passiv nach unten/beugen (Palmarflexion)
Fingerendgelenke:	aktiv beugen und passiv strecken
-mittelgelenke:	aktiv strecken und passiv beugen !gilt auch für das Daumenendgelenk
-grundgelenke:	aktiv beugen und passiv strecken und die
Finger:	aktiv schließen (Adduktion) und passiv spreizen (Abduktion)

Lunar

Zehenendgelenke: aktiv beugen und passiv strecken
-mittelgelenke: aktiv strecken und passiv beugen
-grundgelenke: aktiv beugen und passiv hochziehen/strecken

Zehen: aktiv spreizen (Abduktion) und passiv schließen (Adduktion)

Fußgelenke: aktiv hochziehen (Plantarextension) und passiv nach unten (Plantarflexion)

Kniegelenke: aktiv strecken und passiv beugen

Hüftgelenke: die Bewegung nach vorne (Flexion) und die Bewegung nach hinten (Extension) kann sowohl aktiv wie passiv sein

Becken: aktiv nach vorne/aufrichten (Beckenextension) und passiv nach hinten (Beckenflexion)

Oberkörper/ aktiv nach hinten strecken (Extension),
BWS und LWS: passiv nach vorne beugen (Flexion)

Hals und Kopf: aktiv nach hinten (Extension) und passiv nach vorne (Flexion) und zur Seite

Kiefergelenke:	aktiv schließen, passiv öffnen
Schultern:	aktiv nach hinten (Extension) kombiniert mit der Bewegung zur Körpermitte (Adduktion), passiv nach vorne (Flexion) kombiniert mit der Bewegung zur Körpermitte
Ellenbogengelenke:	aktiv strecken und passiv beugen
Handgelenke:	aktiv beugen (Palmarflexion) und passiv hochziehen (Palmarextension)
Fingerendgelenke:	aktiv strecken und passiv beugen
-mittelgelenke:	aktiv beugen und passiv strecken ! gilt auch für das Daumenendgelenk
-grundgelenke:	aktiv hochziehen/strecken und passiv beugen und die
Finger:	aktiv spreizen (Abduktion) und passiv schließen (Adduktion)

Die einzelnen Gelenke

Zehen

Kaum ein Mensch kann die Zehengelenke einzeln bewegen. Aber im Zehengrundgelenk sollte das volle Bewegungsausmaß möglich sein. Solar: Aktiv hochziehen und passiv beugen. Lunar: Aktiv beugen und passiv nach oben.

Wer die Fußreflexzonen kennt, weiß, dass die Zehengrundgelenke im Körper dem Schultergürtel entsprechen. Ich habe es oft erlebt, dass Menschen, die Probleme im Schultergürtel haben (Verspannungen, Probleme in den Armen, Kopfschmerzen), entweder ständig die Zehen „einkrallen" oder die Zehen ständig hochziehen. Im Ruhezustand – wenn Sie z.B. sitzen - sollten die Zehen mit den Zehenkuppen Kontakt zum Boden haben – weich und locker/entspannt.

Wenn ein Solarer die Zehen ständig einkrallt und ein Lunarer die Zehen ständig hochzieht, ist das besonders ungünstig, da diese Bewegung bei ihnen eigentlich passiv sein sollte.

Füße

Der Solare macht die Bewegung des Fußes nach unten (Plantarfexion) aktiv und die Bewegung nach oben (Plantarextension) passiv. Der Lunare macht die Bewegung des Fußes nach oben aktiv und die Bewegung nach unten passiv. Vor allem beim Gehen wird das deutlich:

64

Solar: Das Abstoßen des Fußes beim Abrollvorgang ist die aktive Bewegung des Fußes nach unten (Plantarflexion).

Lunar: Das Aufsetzen der Ferse entspricht dem aktiven Hochziehen des Fußes (Plantarextension).

Wenn Solare zuerst die Ferse aufsetzen, machen sie die Plantarextension aktiv, die bei ihnen passiv sein sollte. Bei Patienten mit Fersensporn habe ich dieses typwidrige Verhalten oft beobachtet.

Die Hocke wird ein gesunder Solarer so machen, dass er auf dem Fußballen (Plantarflexion) bleibt. Der gesunde Lunare sitzt in der Hocke auf den Fersen (Plantarextension).

Eine gute Kräftigungsübung für die Solaren ist der Zehenstand, allerdings mit gebeugten Knien. Stützen Sie sich - in solarer Haltung - auf eine Tischplatte oder ähnliches. Bringen Sie ihre Fersen bis zum Maximum nach oben. Achten Sie darauf, dass die Fersen nicht nach innen abdriften, sondern mittig bleiben. Die Knie, wie gesagt nicht strecken, sondern leicht gebeugt lassen. Die Hüfte ist gebeugt, das Becken im Knick. Als Steigerung nehmen Sie die Hände weg, aber die Fersen bleiben oben! Wenn das gut klappt, versuchen Sie es einseitig.

Knie

Beide Atemtypen sollten auf die achsengerechte Haltung der Knie achten. Das heißt sowohl die X- wie auch die O-Haltung der Knie sollten gemieden werden, vor allem unter Belastung. Achten Sie darauf, dass die Kniescheiben beim Stehen, Gehen, Joggen, Fahrradfahren ... nach vorne zeigen.

Der Solare liebt gebeugte Knie. Die Hocke ist gut für ihn. Im Stehen sind seine Knie leicht gebeugt. Eigentlich sind in allen Haltungen die Knie mehr oder weniger gebeugt. Auch im Liegen (in Rückenlage) hat er lieber eine Rolle unter den Knien. Er kräftigt also die Kniebeuger. Die Kniestreckung macht er passiv.

Der Lunare liebt gestreckte (nicht durchgeblockte!) Knie. Beim „gemütlichen" Sitzen legt er gerne die Beine hoch – die Knie sind gestreckt. Im Stehen hat er locker gestreckte Knie.

Der Langsitz (als Übung) ist gut für ihn. Setzen Sie sich auf den Boden und stützen Sie sich zunächst mit den Händen hinten ab, die Beine sind gebeugt. Bringen Sie Ihren geraden Rücken in die Senkrechte, so dass Sie auf den Sitzhöckern sitzen und nehmen Sie den Stütz der Arme weg. Das Kinn ist leicht angehoben und initiieren Sie den Stoßakzent. Dann bringen Sie langsam die Beine/Knie in Streckung ohne im Rücken rund zu werden! Das dehnt nicht nur die Kniebeuger, sondern bringt Sie wunderbar in Ihr Atemsystem!

Wenn ich von „lieben" spreche, meine ich, der gesunde Atemtyp macht es automatisch so, weil er sich so wohler fühlt. Aus Sicht der Atemtypenlehre unterstützt er damit seine typeigene Muskelkette und damit den typgerechten Atem.

Knieprobleme entstehen oft durch das Typwidrige. Bei Solaren, weil sie im Stehen die Knie „durchgeblockt" haben. Wenn sie aus diesem typwidrigen Stehen loslaufen, setzen sie zuerst die Ferse auf und ihre Knie bleiben durchgeblockt. Hier hilft, sich das typgerechte Stehen und Gehen anzugewöhnen. Bei Lunaren kann es zu Knieproblemen kommen, wenn sie mit leicht gebeugten Knien stehen und gehen. Um hier ins Typgerechte zu finden, reicht oft schon die Erinnerung daran, die Ferse aufzusetzen und die Knie im Stehen locker zu strecken. Manchmal muss aber auch noch an der Dehnung der Kniebeuger gearbeitet werden.

In der Hocke ist der Solare auf den Fußballen in einer *aktiven* Kniebeugung. Der Lunare sitzt mit *passiver* Kniebeugung auf den Fersen.

Die „Kniebeuge" als Übung macht der Solare, indem er betont/aktiv nach unten geht und sich unbetont/passiv wieder nach oben in die Streckung *drückt*. Der Lunare geht unbetont/passiv nach unten und *stößt* sich betont/aktiv nach oben in die Streckung.

Hüfte und Becken

Diese beiden gehören für mich aus der Sicht der Atemtypenlehre zusammen. Und sie sind von zentraler Bedeutung!

Das Beckengelenk befindet sich zwischen dem Kreuzbein und dem 5. LWK.

Das Hüftgelenk (rechts und links) wird zum einen aus dem *Oberschenkel*kopf und zum anderen aus der Hüftpfanne, die Teil des *Beckens* ist, gebildet. Eine Beugung des Hüftgelenks kann also vom Oberschenkel und/oder vom Becken ausgeführt werden.

Im Hüftgelenk können bei beiden Atemtypen Streckung und Beugung sowohl aktiv wie passiv sein.

Schauen wir uns dazu ein paar Beispiele an:

Beim Solaren ist im *Stehen* die leichte *Hüftbeugung* und der Knick am Übergang LWS/Becken (Beckenflexion) *passiv*.

Das rückengerechte Bücken (auch als Bücktraining bekannt) kann bei beiden Atemtypen durch in die Knie gehen geschehen oder indem der gerade Rücken nach vorne gebeugt wird.

Hier *beugt* der Solare bei beiden Varianten das Hüftgelenk *aktiv*, vom Oberschenkel und/oder vom Becken aus. Beim wieder Hochkommen ist die *Streckung* im Hüftgelenk *passiv*.

Im *Gehen* wiederum ist beim Solaren das Abstoßen vom Vorfuß nach hinten mit der *Hüftstreckung* vom Oberschenkel ausgehend *aktiv*.

Beim Lunaren ist im *Stehen* die *Hüftstreckung* mit gleichzeitiger Extension im Beckengelenk *aktiv*.

Beim *Gehen* hingegen ist die Abrollphase mit der *Hüftstreckung* durch den nach hinten gehenden Oberschenkel *passiv*. Um die Ferse vorne aufzusetzen wird das Bein nach vorne gebracht. Diese *Hüftbeugung* ist *aktiv*.

Beim rückengerechten Bücken wiederum *beugt* der Lunare bei beiden Varianten das Hüftgelenk *passiv*, vom Oberschenkel und/oder vom Becken aus. Der gerade Rücken ist beim Bücken für beide Atemtypen wichtig!

Wenn der gesunde Lunare aus der Rückenlage zum Sitzen hochkommt, lässt er die Oberschenkel liegen und kommt mit dem Rumpf hoch in die Senkrechte. Hier *beugt* er *aktiv* im Hüftgelenk. (Das Becken ist das punktum mobile und der Oberschenkel das punktum fixum.)

Für den Solaren ist diese Art des Aufrichtens aus Rückenlage nicht gut. Für ihn ist die typische Anweisung, sich erst auf die Seite zu drehen und dann zum Sitzen hochzukommen, besser. Für den Lunaren, der Rückenprobleme hat, übrigens auch.

Vor allem für den Lunaren ist ein dehnfähiger Psoas wichtig. Er bewegt ja sowohl das Becken- wie das Hüftgelenk und er ist über die Psoas-Quadratusarkade mit dem Zwerchfell verbunden. Beim Lunaren muss er in *beiden* Gelenken dehnfähig sein, damit Becken- und Hüftgelenk wirklich in Streckung sind, das Becken wirklich gehalten/tonisiert/eng ist und der Atem wirklich in den Brustkorb gehen kann.

Umgekehrt sollte beim Solaren der Psoas in *beiden* Gelenken angenähert sein. Leider erlebe ich immer wieder, dass zwar im Hüftgelenk die Beugung vorhanden ist (durch das viele Sitzen), aber die Beweglichkeit im Beckengelenk fehlt. Mit der Flexion im Beckengelenk (Knick) wird der Unterbauch entspannt, das Becken weich und weit und der Atem kann wirklich in den Bauch gehen.

Sie erinnern sich: Die Solaren haben im Becken eine Dehnungszone und die Lunaren eine Verengungszone. Leider ist der Ist-Zustand selten so. Vor allem bei Patienten mit Schmerzen im unteren Rücken, aber auch bei Patienten mit Beinproblemen (Durchblutungsstörungen, Schmerzen, schwache Beine, kalte Füße, Sensibilitätsstörungen in den Füßen ...) stelle ich das immer wieder fest. Bei den Solaren ist dann das Becken nicht frei beweglich und sie haben keinen Knick am Übergang Becken/LWS. Im Gegenteil: Das Becken wird in der Beckenextension gehalten. Also, liebe Solare: Halten Sie Ihr Becken beweglich! Ich erlebe es immer wieder, dass Solare ihr Becken anspannen und leider auch den Unterbauch, wenn sie Kraft brauchen, wodurch der Atem nicht mehr so tief in den Bauch- und Beckenraum fließen kann. Achten Sie also im Alltag nicht nur auf das typgerechte Sitzen, Stehen, Gehen ... sondern auch bei Bewegungen, bei denen Sie Kraft brauchen, wie z.B. Schubkarren oder Kinderwagen schieben, auf einer Leiter stehend mit den Händen arbeiten, schwere Gegenstände tragen oder verschieben ... darauf, dass Ihr Becken weich, weit und beweglich bleibt.

Bei den Lunaren ist das Becken dann meist zu beweglich und im Knick. Es fehlt die Beckenextension in Kombination mit der Hüftstreckung und der Grundtonus – das Gehaltensein des Beckens. Für sie gilt, auch im Alltag auf dieses Gehaltensein des Beckens zu achten und den Grundtonus im Becken vor allem unter Belastung (Beispiele s.o.) nicht zu verlieren.

Wirbelsäule (WS) allgemein

Die Wirbelsäule besteht aus dem Steißbein (3-4 Steißbeinwirbel sind miteinander verschmolzen), dem Kreuzbein (5 Kreuzbeinwirbel sind miteinander verschmolzen), der Lendenwirbelsäule (LWS) mit 5 Lendenwirbeln, der Brustwirbelsäule (BWS) mit 12 Brustwirbeln und der Halswirbelsäule (HWS) mit 7 Halswirbeln. Die Wirbel sind über kleine Wirbelgelenke miteinander verbunden. Die WS hat eine natürliche „S" Krümmung: Die LWS-Lordose, die BWS-Kyphose und die HWS-Lordose. Ein Hohlkreuz (verstärkte Lordose in der LWS oder HWS) oder ein Rundrücken (verstärkte BWS-Kyphose) sind krankhafte Veränderungen der WS.

Lendenwirbelsäule (LWS)

Hier macht der Solare aktiv die Beugung nach vorne (wobei sich die natürliche Lordose abschwächt) und passiv die Streckung nach hinten. Der Lunare macht die Streckung nach hinten aktiv und die Beugung nach vorne passiv.
Vermeiden Sie im Aufrechtsein und unter Belastung ein Hohlkreuz! Das gilt für beide Atemtypen. Vor allem der Solare muss darauf achten, dass er den Knick nur zwischen dem 5. LWK und dem Becken macht und nicht ins Hohlkreuz geht. Dafür brauchen die Oberbauchmuskeln einen guten Grundtonus.
Es ist natürlich gut, die Beweglichkeit der LWS zu schulen, aber unbelastet (ohne Einwirkung der Schwerkraft oder von Gewichten) und mit Körpergefühl! Die Rotation, die sowieso

nur wenig möglich ist, sollten – vor allem unter Belastung - alle meiden.

Bauchmuskeltraining: Wenn nicht grundsätzliche Defizite da sind, sollten die Solaren mehr die oberen Bauchmuskeln und die Lunaren mehr die unteren Bauchmuskeln trainieren.

Brustwirbelsäule (BWS)

Beim Stehen, Sitzen, Gehen sollte die BWS bei beiden Atemtypen aufgerichtet sein, in ihrer natürlichen Kyphose.

Der Solare macht die Beugung nach vorne (die BWS rund machen) aktiv und die Streckung nach hinten passiv.

Der Lunare macht die Streckung nach hinten aktiv und die Beugung nach vorne passiv.

Die BWS ist beim Solaren eine Verengungszone. Sie erinnern sich, bei einer Drehung der gesamten WS kommt der Bewegungsimpuls aus Becken und Hals, seine BWS bleibt stabil. Wenn er überhaupt eine Übung macht, um den Brustkorb aufzudrehen, dann führt er die Drehung der BWS passiv und das Zurückdrehen aktiv aus.

Die Drehung der BWS ist für den Lunaren sehr wichtig. Sie unterstützt die Beweglichkeit der Rippen und erweitert so den Atemraum. Der Brustkorb ist beim Lunaren eine Dehnungszone. Eine Drehung der gesamten WS macht er also vom Brustkorb aus, das Becken und der Hals bleiben aber stabil. Die Drehung macht er aktiv und das Zurückdrehen passiv.

Halswirbelsäule (HWS)

Die HWS ist ein sehr sensibles Gebiet des menschlichen Körpers, deshalb dazu ein paar Worte mehr:
Grundsätzlich ist es für alle Menschen gut, den Kopf „obenauf" zu haben - in Verlängerung der WS. Ich beobachte immer wieder, dass Menschen mit Kopfschmerzen den 7. Halswirbelkörper (HWK) *zu* weit vor dem 1. Brustwirbelkörper (BWK) haben. Der 7. HWK sitzt bei der natürlichen HWS-Lordose leicht vor dem 1. BWK, aber eben nur leicht. Dann ist die Versorgung zum Kopf gewährleistet. Der Kopf und die HWS sollten also im Verhältnis zur Körperachse nicht zu weit vorne sein – ob solar oder lunar.

Die Bewegungen „Kinn leicht senken" (solar) und „Kinn leicht anheben" (lunar) finden nur im oberen Kopfgelenk* statt! Es wird also nicht der Hals bewegt, sondern der (Hinter-)Kopf!

Erinnern Sie sich an die Haltungen:

Der Solare hat das Kinn aktiv leicht gesenkt – mit dem Kopf in Verlängerung der WS! Der Hals ist eine Dehnungszone und damit weich und beweglich. Solare bewegen oft ihren Kopf, indem sie den Hals bewegen.

Der Lunare hat das Kinn aktiv leicht angehoben – auch mit dem Kopf in Verlängerung der WS! Der Hals ist eine Verengungszone. Der Lunare bewegt seinen Kopf im oberen Kopfgelenk mit ruhig/stabil gehaltenem Hals. Es bewegt sich nur der Hinterkopf.

* das obere Kopfgelenk wird vom 1. HWK (Atlas) und dem Kopf, genauer dem Hinterhaupt (Occiput), gebildet.

Es ist natürlich wichtig, auch die HWS beweglich zu halten: Atemtypspezifisch macht der Solare die Bewegung des Kopfes nach vorne und zur Seite aktiv und die Bewegung nach hinten passiv. Der Lunare macht die Bewegung nach hinten aktiv und die Bewegung nach vorne und zur Seite passiv.

Manche machen, um die HWS zu bewegen oder auch wenn sie sich verspannt fühlen, das „Kopfkreisen". Wenn Sie das tun, tun Sie es bitte achtsam und mit dem Wissen des eben Gelesenen: Der Solare führt den vorderen Halbkreis *aktiv* aus und die Bewegung nach hinten *passiv*. Der Lunare bewegt den Kopf *aktiv* nach hinten und macht von hier ausgehend die Bewegung über die Seite, nach vorne und wieder zur Seite *passiv*.

Dem Lunaren fällt es leicht, nach oben zu schauen: Er streckt aktiv seinen Hals, hält ihn stabil, hebt das Kinn an und schaut nach oben. Die Bewegung findet im oberen Kopfgelenk statt. Für den Solaren wäre diese Haltung eher unangenehm. Für ihn ist es wichtig, den Kopf weich (passiv) in den Nacken zu legen – diese Bewegung findet im Hals statt. Um im Stehen die Bewegung des Kopfes nach hinten so klein wie möglich zu halten, gehen viele Solare tiefer in die Knie, schieben diese nach vorne und bewegen mit der Kraft der Beine den Rumpf passiv nach hinten. Dadurch können sie dann - ohne den Kopf weit nach hinten bewegen zu müssen- nach oben schauen.

Kiefer

Die Mundöffnung geschieht, indem sich Oberkiefer und Unterkiefer voneinander entfernen. Der Unterkiefer kann sich durch eine eigene Bewegung vom Oberkiefer entfernen, während der Oberkiefer, der mit den Schädelknochen verbunden ist, sich nur über die Bewegung des Kopfes nach hinten vom Unterkiefer entfernen kann.

Der Solare öffnet den Mund aktiv, indem er den Unterkiefer aktiv nach unten bewegt. Er schließt den Mund passiv, indem er den Unterkiefer sich zurückbewegen lässt.

Der Lunare öffnet den Mund passiv, indem er den Unterkiefer passiv nach unten bewegt. Wenn er seine Mundöffnung vergrößern will, verstärkt er die Grundhaltung seines Kopfes, indem er ihn aktiv im oberen Kopfgelenk noch etwas weiter nach hinten bewegt. Dadurch wird der Oberkiefer mitgenommen und der Mundraum vergrößert. Das Schließen geschieht aktiv.

Schulter

Beide Atemtypen sollten sich um eine freie und volle Beweglichkeit im Schultergelenk kümmern. Es gibt eine Bewegungsrichtung, die explizit auf die Atemmechanik wirkt:

Beim Solaren ist die Bewegung nach vorne/oben (Flexion) kombiniert mit der Bewegung zur Körpermitte (Adduktion) aktiv und die Bewegung nach hinten/unten (Extension) passiv. Beim Lunaren ist die Bewegung nach hinten/unten kombiniert mit der Bewegung zur Körpermitte aktiv und die Bewegung nach vorne/oben passiv.

74

Probieren Sie es aus:
Bringen Sie die Handflächen vor dem Körper aneinander und drücken Sie sie dort für einen Moment zusammen. Bringen Sie dann Ihre Handflächen hinter dem Körper aneinander und drücken Sie sie auch dort für einen Moment zusammen. Machen Sie die beiden Bewegungen einige Male. Was macht Ihr Atem? Spüren Sie, dass das vorne Zusammendrücken den Ausatem unterstützt und verlängert? Und das hinten Zusammendrücken den Einatem?

Ellenbogen

Der Solare beugt den Ellenbogen aktiv und streckt ihn passiv. Der Lunare streckt den Ellenbogen aktiv und beugt ihn passiv.
Wenn Sie unter Beschwerden wie z.B. einem „Tennisellenbogen" (Epicondilitis) leiden, achten Sie vor allem auf diesen Aktiv-Passiv Aspekt, sowie auf den Stoß- oder Druckakzent.
Beim Liegestütz z.B.:
Der Solare geht *aktiv* nach unten in die Ellenbogenbeuge und *drückt* sich *passiv* wieder hoch.
Der Lunare geht *passiv* nach unten in die Ellenbogenbeuge und *stößt* sich *aktiv* wieder hoch. Die Ausgangsstellung ist natürlich bei beiden typgerecht:
Der Solare hat den Knick, den geraden Rücken, leicht gebeugte Knie und leicht gebeugte Ellenbogen. Der Lunare hat die Streckung im Hüft- und Beckengelenk, den geraden Rücken, locker gestreckte Knie und locker gestreckte Ellenbogen.

Hände

Der Solare bewegt die Hand aktiv nach oben (Palmarextension) und passiv nach unten (Palmarflexion). Der Lunare bewegt die Hand aktiv nach unten und passiv nach oben.
Wenn Sie viel mit Ihren Händen arbeiten, achten Sie als Solarer darauf, dass Sie die Hände nicht dauerhaft aktiv nach unten drücken und als Lunarer, dass Sie die Hände nicht dauerhaft aktiv nach oben halten.
Um am Computer die Tastatur und die Maus zu betätigen, ist die Hand in einer ständigen *aktiven* Palmarextension. Das ist für den Solaren gut, für den Lunaren weniger. Er sollte wenigstens auf die Mittelstellung der Hand achten. Hier kann eine Handgelenksunterlage für die Maus oder eine Erhöhung der Tastatur helfen.

Finger

Die rumpfnahen Gelenke haben eine stärkere und direktere Wirkung auf die Atmung als die rumpffernen Gelenke. Aber auch das Spreizen und das Schließen der Fingergelenke haben eine spürbare Wirkung auf den Atem. Probieren Sie es aus! Das aktive Spreizen bewirkt eine Weitung und Dehnung des Atemsystems, speziell der Rippen, und unterstützt damit den Einatem. Während das aktive Schließen der Finger den Ausatem unterstützt.
Aber auch das Wissen um die Beuge- und Streckaktivität ist wichtig. Für eine Faust z.B. beugt man bekanntlich die Finger. Der Solare macht die Faust von den Fingerend- und Fingergrundgelenken aus, während der Lunare die Faust von

den Fingermittelgelenken aus macht. In diesen Gelenken liegt die Beugeaktivität.

Der Daumen hat (außer dem Sattelgelenk) nur zwei Gelenke. Das Endgelenk entspricht den Mittelgelenken der Finger. Der Solare sollte also hier (im Daumenendgelenk) aktiv strecken und passiv beugen. Und der Lunare sollte das Daumenendgelenk aktiv beugen und passiv strecken. Im Daumengrundgelenk ist es umgekehrt. Der Solare beugt aktiv und streckt passiv. Der Lunare streckt aktiv und beugt passiv. Wenn Sie Probleme im Daumenballen haben, achten Sie auf diese Details, wie z.B. beim Flasche aufdrehen oder beim Zurückschneiden von Gehölz mit der Gartenschere.

Auch für Musiker ist das Wissen um die Aktivität und Passivität der einzelnen Fingergelenke von Bedeutung. Mein Mann - er ist Cellist und solar - hatte immer wieder Probleme mit der Daumenkuppe seiner Bogenhand. Er griff den Bogen – wie er es gelernt hatte – mit gebeugtem Endgelenk und zwar *aktiv*! Als er das umstellte – und für ihn als Berufsmusiker war das eine große Umstellung – nämlich das Endgelenk aktiv zu strecken und ein aktiv gebeugtes Grundgelenk zu haben, gingen seine Beschwerden weg. Anhand dieses Beispiels eines so kleinen Gelenks wird deutlich, wie wichtig die typgerechten Gelenkstellungen gerade für Musiker sind. Ein solarer Musiker nimmt schon sein Instrument anders in die Hand als ein lunarer Musiker. Und natürlich unterscheiden sich die beiden Atemtypen auch in der Art und Weise der Grifftechnik.

Das ist auch leider oft der Grund, warum Kinder, die ein Musikinstrument lernen und eigentlich sehr begabt sind, wieder aufhören. Einfach, weil sie den „falschen" Lehrer haben. Die meisten Lehrer unterrichten unbewusst die Methode, die ihrem eigenen Atemtyp entspricht. Wenn jetzt das Kind dem anderen Atemtyp angehört, wird das Kind es rein körperlich gesehen nicht so hinkriegen, wie es der

Lehrer ihm beibringen will – es sei denn mit enormer Willensanstrengung! Und das kostet auf Dauer Kraft und Energie, die eigentlich für die Musik genutzt werden könnten.

Sonstiges

Gemütliche Runde

Kennen Sie das? Eine gemütliche Runde sitzt zusammen. Einige bleiben die ganze Zeit ohne aufzustehen auf ihrem Sessel oder Stuhl sitzen (Solare), während andere zwischendurch aufstehen, um etwas zu holen, nachzuschenken, etwas nachzuschauen ... (Lunare). Niemand stört das Anderssein des Gegentyps. Wenn es aber jemanden gibt, der unruhig immer wieder aufsteht etc., sagt meist jemand: „Sag mal, kannst du nicht mal sitzen bleiben, du hast ja Hummeln im ...“ Dieser unruhige Geist ist meist ein Solarer, der nicht in seiner Kraft/Ruhe ist. Es könnte aber auch ein Lunarer sein, der sich nicht in seinem Atemtyp bewegt (z.B. *zu* schnell oder kompakt anstatt gegliedert). Wenn ein Lunarer sich typgerecht bewegt, stört es den Solaren nicht (der die Ruhe liebt), dass dieser sich bewegt, obwohl er selbst sitzen bleibt. Und umgekehrt stört es den Lunaren (der die Bewegung liebt) nicht, dass der Solare ruhig sitzen bleibt. Beide haben ja den Gegenpol unbetont in sich.

Schuhe

Bei Schuhen mit Absatz wird das Körpergewicht automatisch nach vorne auf den Vorfuß verlagert. Sie erleichtern also im Normalfall dem Solaren, in sein System zu kommen. Er ist dann mit den Füßen in der Plantarflexion, die Knie sind leicht gebeugt, das Becken im Knick. Beim Gehen bleibt ihm nichts anderes übrig als den Vorfuß zuerst aufzusetzen.

Für den Lunaren sind flache Schuhe gut. Das Körpergewicht ist automatisch hinten auf den Fersen, die Knie sind locker gestreckt, das Becken in Extension. Beim Gehen kann er die Ferse zuerst aufsetzen.

Während der Solare auch mit flachen Schuhen in seiner Muskelkette, und damit in seinem Atemsystem, bleiben kann, ist dies für den Lunaren bei Schuhen mit Absatz eigentlich unmöglich. Entweder er steht dann mit durchgeblockten Knien oder wenn er es schafft, die Knie locker gestreckt zu lassen, kommt er mit dem Becken in den Knick und geht ins Hohlkreuz ... Beim Gehen kann er nicht zuerst die Ferse aufsetzen. Das ist alles nichts für den Lunaren. Also, liebe Lunare: Tragen Sie nur in Ausnahmefällen Schuhe mit Absatz – sie bringen Sie zu sehr aus Ihrem Atemsystem.

Weitere Aspekte der Dehnungs- und Verengungszonen

Die Dehnungszonen mögen nicht nur Dehnung und Bewegung, sie brauchen es auch warm und weich.

Die Verengungszonen mögen nicht nur Verengung und Ruhe, sie brauchen es auch kühl und fest.

Die meisten Menschen - und auch in der Physiotherapie wird das so gehandhabt – behandeln Entzündungen mit Eis. Ich möchte hier noch einen anderen Gedanken ins Spiel bringen: Die Durchblutung geschieht über das *Dehnen/Weitwerden* und *Zusammenziehen/Engwerden* der Blutgefäße.

Wärme bewirkt die *Dehnung* der Blutgefäße, Eis bewirkt das *Zusammenziehen* der Blutgefäße.

Wenn Sie Sportverletzungen oder Schmerzen haben und die Durchblutung anregen wollen, ist es deshalb sinnvoll, Wärme und Eis den *Dehnungs-* und *Verengungs*zonen entsprechend anzuwenden.

Einige Beispiele:

Hat der Solare sich den Knöchel oder das Knie *(Verengungszonen)* verstaucht, legt er ein Coldpack auf die schmerzende, vielleicht schon geschwollene Stelle. Und zwar circa 3 Minuten – ein „Kurzzeiteis" also. Kurz deshalb, um eine Unterkühlung zu vermeiden.

Beim Lunaren sind Knöchel und Knie *Dehnungszonen.* Er legt eine Wärmflasche oder einen feucht-warmen Wickel darauf, solange es ihm gut tut, ruhig eine halbe Stunde.

Bei Unterbauchschmerzen aber nimmt der Solare die Wärme und der Lunare das Kurzzeiteis.

Bei einer chronischen Schulterentzündung arbeitet der Solare mit Kurzzeiteis und der Lunare mit Wärme.

Wenn die Schmerzen am Übergang von einer Zone zur anderen sind, ist es am besten, mit warm und kalt gleichzeitig zu arbeiten. Beispiel: Schmerzen im unteren Rücken. Der Solare legt sich das Kurzzeiteis auf den unteren Rücken und die Wärme auf das Becken/Kreuzbein.

Der Lunare legt sich das Kurzzeiteis auf das Becken/Kreuzbein und die Wärme in den unteren Rücken.

Das gilt natürlich nicht für offene Wunden. Wenn überhaupt, dann kommt hier das Eis zur Anwendung, um die Wunde zu schließen. Wenn die Wunde dann geschlossen ist, kann man wieder den *Dehnungs*- und V*erengungs*zonen entsprechend Wärme oder Eis anwenden.

Grundsätzlich gilt: Wenn Sie einen Körperbereich stärken wollen, wenden Sie die Kalt-Warmanwendungen entsprechend den Dehnungs- und Verengungszonen an.

Sie können auch Massagegriffe entsprechend den Dehnungs- und Verengungszonen anwenden: Für die Dehnungszonen sind sie weich und fließend, für die Verengungszonen fest und hart (Klopfmassage).

Auch mit der Kleidung können Sie auf die Dehnungs- und Verengungszonen einwirken. Wolle wärmt, sie ist also für die Dehnungszonen gut. Baumwolle, Leinen und Seide haben eher eine kühlende Wirkung. Sie sind also für die Verengungszonen gut.

Achten Sie mal im Winter auf folgendes: Einige tragen eher einen Wollschal und einige eher eine Wollmütze. Der mit dem Schal ist wahrscheinlich der Solare (der Hals ist beim Solaren eine Dehnungszone) und der mit der Mütze der Lunare (der Kopf ist beim Lunaren eine Dehnungszone). Der Solare braucht nicht unbedingt die Mütze und der Lunare nicht unbedingt den Schal. Manchmal ist es natürlich so kalt, dass beide beides brauchen.

Den eigenen Atemtyp leben!

Ein lunarer Orchestermusiker hat mir einmal auf die Frage, ob ihm denn ein lunarer Dirigent lieber sei als ein solarer, gesagt: Mir ist es egal, welcher Atemtyp als Dirigent vorne steht - wenn er *typgerecht* dirigiert! Dann „verstehe" ich ihn und es ist ein wunderbares Musizieren, egal ob er solar oder lunar ist. Aber wenn er nicht typgerecht dirigiert und damit nicht eindeutig zeigt, was er will, verstehe ich ihn nicht und das Musizieren wird anstrengend.

Dieses Beispiel zeigt sehr schön, dass nicht ein Atemtyp „besser" ist als der andere, und dass man sich nicht nur mit Menschen des gleichen Atemtyps versteht, sondern, dass es darum geht, seinen Atemtyp wirklich in all seinen Ausprägungen zu leben – eben solar oder lunar zu *sein.*